W0075518

Das Buch

Selbstfürsorge ist nicht nur unverzichtbar für unser körperliches und seelisches Wohlergehen, sie ist auch alles andere als egoistisch! Denn wer sich mit sich selbst wirklich wohlfühlt, kann auch positive Energien in die Welt bringen.

Jayne Hardy schenkt wertvolle Impulse, die ganz einfach in das tägliche Leben integriert werden können: Um seine ureigensten Bedürfnisse besser kennenzulernen, das Selbstwertgefühl zu stärken und eine wundervolle Freundschaft mit sich selbst zu schließen.

Die Autorin

Jayne Hardy litt schwer unter Depressionen und machte dabei die Erfahrung, wie unglaublich wichtig es für die körperliche und seelische Gesundheit ist, sich endlich einmal um sich selbst zu kümmern. Die Autorin gründete daraufhin *The Blurt Foundation*, ein Unternehmen, das sich der Hilfe für Menschen mit Depressionen widmet. Über ihre eigenen Erfahrungen mit dieser Krankheit und mit dem Thema Selbstfürsorge hat sie auf BBC und bei TEDxBrum gesprochen und schreibt u. a. für die *Huffington Post*, *Grazia* und *The Guardian*. Jayne Hardy lebt mit Tochter und Ehemann in Cornwall.

JAYNE HARDY

Tu dir gut

denn der wichtigste Mensch in deinem Leben bist du

Das Selbstfürsorge-Projekt

Aus dem Englischen übersetzt
von Martin Bauer

WILHELM HEYNE VERLAG
MÜNCHEN

Verlagsgruppe Random House FSC® N001967

Deutsche Erstausgabe 02/2019
Copyright © 2017 by Jayne Hardy
Copyright © der deutschsprachigen Ausgabe 2019
by Wilhelm Heyne Verlag, München,
in der Verlagsgruppe Random House GmbH,
Neumarkter Straße 28, 81673 München
Alle Rechte sind vorbehalten. Printed in Germany.
Redaktion: Angelika Holdau
Innenillustrationen: Dominic Hardy
Umschlaggestaltung: Guter Punkt, München,
unter Verwendung eines Motivs von © Nadezda Grapes / shutterstock
Satz: Schaber Datentechnik, Austria
Druck und Bindung: GGP Media GmbH, Pößneck

ISBN 978-3-453-70365-0

www.heyne.de

Inhaltsverzeichnis

Für dich und mich.

Domski, Pegs, Mother Hubbs,
Clairie und Windog gewidmet.

Einleitung

Jeder hat es selbst in der Hand, für sich zu sorgen. Doch es bringt nichts, den Nutzen der Selbstfürsorge nur zu kennen – man muss sich auch aktiv darum bemühen.

Das Leben steckt voller Ablenkungen. Alles Mögliche buhlt um unsere Aufmerksamkeit, und manchmal vergessen wir darüber einfach, wie wichtig unser eigenes Wohlergehen ist. Das passiert so leicht, weil der Krach um uns herum extrem laut ist. Von überall dröhnt er auf uns ein und fordert, dass wir ihm Beachtung schenken.

Und er bekommt sie.

Wir setzen die Bedürfnisse anderer Menschen über unsere eigenen und vernachlässigen uns selbst.

Wir leben in einer hektischen Welt, die sozialen Netzwerke bombardieren uns mit Bildern von Perfektion. Wir halten uns für unzulänglich und glauben, wir täten nicht genug. Wir vergleichen unseren Alltag mit den ausgewählten Höhepunkten im Leben anderer Menschen und hadern mit uns.

Es ist nicht leicht, den Lärm auszublenden und sich die eigenen Bedürfnisse und Wünsche bewusst zu machen. Wir vergessen, was uns stark macht. Wir vergessen, dass *wir* zählen. Unser Verhalten zeigt allen anderen, wie wichtig *sie* sind und wo *wir* in der Rangordnung stehen – ganz weit unten. Wie viele von uns tanzen ihr ganzes Leben lang nach der Pfeife von anderen. Wir leben nach ihren Vorstellungen und versuchen, ihre Erwartungen zu erfüllen. Damit geben wir ihnen praktisch das Steuer für unser Leben in die Hand!

Unsere Grenzen verschwimmen, wir verlieren das Gefühl für unsere eigene Identität. Was wollen und was brauchen wir wirklich? Gleichzeitig fragen wir uns, warum wir uns so orientierungslos fühlen und so unendlich müde sind. Wir geben alles, was in uns steckt, bis für uns nichts mehr übrig bleibt. Klingt das vertraut?

Erschöpft hangeln wir uns durch den Alltag und öffnen damit allen möglichen Krankheiten Tür und Tor. Wir unterminieren unsere eigene Gesundheit – die geistige wie die körperliche.

Selbstfürsorge kann erst in unser Leben einziehen, wenn wir manche Angewohnheiten abstreifen, neue Verhaltensweisen annehmen und damit beginnen, uns bewusst zu machen, was Selbstfürsorge wirklich für uns bedeutet. Und das ist keine kleine Aufgabe.

Doch nur schon darüber nachzudenken, was uns guttäte, kann Schuldgefühle zutage fördern. Vielleicht halten wir uns auch für egoistisch oder glauben, es nicht wert zu sein. Nein, nein, die Bedürfnisse der anderen gehen vor. Und dann wundern wir uns, dass wir uns so kaputt, unerfüllt und gehetzt fühlen. Der Weg zur Selbstfürsorge gleicht einem Minenfeld.

Und wir gehen mitten hinein.

Gemeinsam.

Das hier ist nicht irgendein Buch über Selbstfürsorge. Mir kommt es besonders auf das »Selbst« an und darauf, was wir über uns selbst lernen können. Neben meinen Ausführungen finden Sie auch Anregungen zum Verfassen eines Tagebuchs und Vorschläge dazu, wie Sie einige typische Hindernisse überwinden können. Sie können den Text am Stück lesen oder kapitelweise, ganz egal. Was immer sich für Sie richtig anfühlt, passt dann auch.

Jayne

P. S.: Sie finden mich auch online. Sagen Sie doch einfach mal Hallo unter:

@JayneHardy_

1. Kapitel: Was berechtigt mich, dieses Buch zu schreiben?

»Die Selbstfürsorge und ich führen eine Hassliebe.«

Sie werden im Verlauf dieses Buches einige meiner Marotten kennenlernen, deshalb möchte ich mich kurz ein wenig vorstellen. Ich bin äußerst introvertiert, dem Myers-Briggs-Persönlichkeitstest zufolge bin ich ein aufopferungsvoller Idealist mit ausgeprägten intuitiven Fähigkeiten (INFJ – Introversion, Intuition, Feeling, Judging). Ich bin zwei Halbmarathons gelaufen – ein entscheidender Moment bei einem der Rennen war, als ich von einem Mann überholt wurde, der als riesiges Geschlechtsteil verkleidet war. Das sagt wohl alles. Mein Ellbogengelenk besteht aus Titan und kommt aus Frankreich: die Folge eines fiesen (nüchternen) Treppensturzes auf dem Weg zur Arbeit. Irgendwann in den 1980ern wurde ich bei Paraden und Umzügen zur Mini-Majorette des Jahres gewählt und war sehr stolz; so stolz, dass ich das hier sogar noch erwähne. Über meiner linken Augenbraue trage ich seit jungen Jahren und einer schmerzhaften Begegnung mit einer Toilette eine schmissige Narbe (die Toilette überstand den Aufprall unbeschadet). Auf Malta heiratete ich den Mann, den ich seit der sechsten Klasse liebe. Während der Geburt meines Kindes schlief ich ein (zu viele Betäubungsmittel), ich habe schon einmal ein Flugzeug gesteuert, einen Bungee-Sprung gemacht und Zorbing ausprobiert.

Ich jongliere ganz passabel, bin Mutter, Ehefrau, Tochter, Schwester, Freundin und Teamleiterin. Beim Duschen kommen mir unweigerlich die »tollsten« Ideen.

Jetzt ahnen Sie vielleicht schon, welchen Ball ich beim Jonglieren am häufigsten fallen lasse. Genau! Der Selbstfürsorge-Ball – einer der wichtigsten Bälle überhaupt – ist der einzige, den ich immer wieder mal fallen lasse. Als gebildetes und (in der Regel) vernünftiges menschliches Wesen fragte ich mich, wie das sein kann. Warum widerstrebt es mir derart, nett zu mir selbst zu sein? Warum komme ich mir so schäbig vor, wenn ich meinem eigenen Wohlergehen Vorrang einräume? Und warum in aller Welt sabotiere ich alles, was sich gut anfühlt? Woher stammt das grässliche Gefühl, Wohltaten gar nicht zu verdienen?

Ich kämpfe schon seit Langem mit Depressionen, und während ich mit dem Selbstfürsorge-Paradox rang, fragte ich mich immer wieder, was wohl zuerst kam: mein Mangel an Selbstfürsorge oder meine Depression. Eine typische Henne-oder-Ei-Frage, zeigt die Forschung doch, dass Selbstfürsorge und geistige Gesundheit untrennbar miteinander verwoben sind. Die Depression stahl mir ganze Phasen meines Lebens; ich konnte nicht mehr arbeiten, verließ das Haus nicht mehr und schaffte nicht einmal mehr ein Mindestmaß an Selbstfürsorge. Ich verlor sogar einen Zahn, weil ich mir nicht mal mehr die Zähne geputzt hatte. Ich fühlte mich kaputt, hilf- und hoffnungslos. Und behandelte mich selbst entsprechend.

Meine Depression überwand ich erst, nachdem ich wieder angefangen hatte, mich um mich selbst zu kümmern – auch wenn mir das damals total widerstrebte. Es schmerzte mich buchstäblich, nett und fürsorglich zu mir selbst zu sein. Freundlichkeit mir selbst gegenüber war mir völlig fremd geworden.

Diese Erfahrung mit meiner Depression – geprägt von Isolation, Hoffnungslosigkeit und Selbstmordgedanken – veranlasste mich im Jahr 2011, die Blurt-Stiftung zu gründen.

Damals ging ich auf meinen 30. Geburtstag zu und blickte auf die vergangenen acht Jahre zurück. Die Depression hatte mir den Großteil des letzten Jahrzehnts geraubt. Das durfte sich nicht wiederholen. Ich schwor mir, nie wieder aufzugeben.

Während meiner Depression sorgte ich überhaupt nicht mehr für mich selbst, ich duschte nur gelegentlich und aß nicht vernünftig. Meine Haare waren verfilzt, und ich muss ziemlich abstoßend gerochen haben, auch wenn mir das nie jemand sagte.

»Meine Depression überwand ich erst, nachdem ich wieder angefangen hatte, mich um mich selbst zu kümmern.«

Mein Bett war meine Burg, in die ich mich vor der Welt zurückzog. Doch die Burg wurde mir zum Gefängnis. Soziale Medien waren mein wichtigstes Fenster zur Außenwelt. Ich klinkte mich nach Belieben ein und aus. Dort fand ich Menschen, die mit ähnlichen Problemen kämpften, aber offen und unbefangen darüber redeten. Diesen Mut brachte ich noch nicht auf.

Über Twitter kam ich zum Bloggen. Ich sah, dass Menschen zu allen möglichen Themen bloggten, und ich vermisste das Schreiben – ich hatte es immer geliebt, bis die Depression mir die Freude daran raubte. Ich beschloss, einen Blog über Körperpflege zu starten. Um über Pflegeprodukte schreiben zu können, würde ich sie benutzen müssen. So zwang ich mich gewissermaßen zur Selbstfürsorge!

Dieser kleine Blog half mir auf eine Art, die sich kaum in Worte fassen lässt. Er gab mir ein Ziel, lenkte mich von meinen Selbstmordgedanken ab, schenkte mir neue Freude am Schreiben und brachte ein wenig Sonnenschein in mein Leben.

Ich begann, wieder besser für mich zu sorgen, und sah wieder ein Licht am Ende des Tunnels. Der logische nächste Schritt bestand darin, über weitere Dinge zu schreiben, die mir am Herzen lagen.

Der Schönheits-Blog bildete nur einen winzigen Ausschnitt meines damaligen Lebens ab. Ich brannte dafür, auch über meine Depressionen zu schreiben, aber ich traute es mir nicht recht zu.

Am Ende verfasste ich dann doch einen Blog-Eintrag über meine Erfahrungen mit Depression. Zum ersten Mal versuchte ich, alles in Worte zu fassen. Es war ein schmerzhafter Prozess, mich der Dunkelheit zu stellen, vor der ich mich fürchtete.

Dieser Blog-Eintrag änderte alles.

Innerhalb von 24 Stunden bekam ich Rückmeldungen von mehr als einhundert Menschen, per E-Mail und SMS, auf Twitter, Facebook und meiner Blog-Seite. Menschen, die ich noch aus der Grundschule kannte, erzählten mir von ihren eigenen Erfahrungen mit Depression. Ich hatte keine Ahnung davon gehabt, was sie durchmachten. Vollkommen Fremde dankten mir für meine Offenherzigkeit und sagten, ich hätte ihre eigenen Erfahrungen sehr gut wiedergegeben.

Aus dem gewaltigen Echo lernte ich zweierlei: Erstens gab es da draußen offenbar zahllose Menschen, die ihre Kämpfe allein ausfochten, anstatt sich gegenseitig zu unterstützen. Und zweitens bot das Internet diesen Menschen eine Möglichkeit, miteinander zu kommunizieren.

So entstand die Idee zu Blurt – einer Plattform, die Gespräche über Depressionen anregen sollte, das Problembewusstsein schärfen, Verständnis fördern, Menschen verbinden und (online) dort abholen sollte, wo sie standen. Meine persönlichen Erfahrungen prägen das Projekt; ich bin der festen Überzeugung, dass jeder angehört werden sollte. Deswegen antworten wir auf jede E-Mail und jede Nachricht in den sozialen Medien. Außerdem glaube ich, dass man Gespräche nur in Gang bringt, wenn man freundlich, zwanglos und menschlich miteinander redet.

Intern achten wir darauf, dass unsere Mitarbeiter ihre eigene Selbstfürsorge nicht vernachlässigen. Flexible Arbeitszeiten sollen allen ermöglichen, Berufs- und Privatleben auszubalancieren.

Natürlich ist unsere Arbeit bei Blurt nur die Spitze des Eisbergs dessen, was von Depression betroffene Menschen brauchen. Deshalb suchen wir unablässig nach weiteren Möglichkeiten, Betroffenen zu helfen. Dabei vergisst man leicht zu registrieren, was Blurt schon alles erreicht hat.

Mittlerweile gehören 13 Mitarbeiter zu unserem Team, im Jahr 2016 verzeichnete unsere Seite mehr als zwei Millionen Klicks, und täglich erhalten wir Dankesschreiben von Menschen, denen wir geholfen oder sogar das Leben gerettet haben. Jeden Tag erleben wir, dass Hunderte von Menschen ihre Erfahrungen mit anderen teilen und einander geduldig, großherzig und nachsichtig unterstützen. Wir hören den Betroffenen wirklich zu. Nur sie allein zählen für uns, und auf den Dialog mit ihnen ist unsere gesamte Organisation ausgerichtet.

»Ich bin der festen Überzeugung, dass jeder angehört werden sollte. Deswegen antworten wir auf jede E-Mail und jede Nachricht in den sozialen Medien.«

Im Verlauf dieses Dialogs ging uns allmählich auf, wie sehr das gesellschaftliche Ideal, man müsse »Gutes tun« und »geben statt nehmen«, Druck auf Menschen ausübt. Um diesen Erwartungen gerecht zu werden, versuchen wir, uns möglichst um alles zu kümmern und niemandem zur Last zu fallen. Doch das laugt uns auf Dauer aus, weil wir ständig das Gefühl haben, nicht genug zu tun oder nicht gut genug zu sein. Wie sehr wir uns auch anstrengen – es reicht nicht. Wir sehen nur unsere Unzulänglichkeiten und verbringen den Rest der Zeit damit, einem Ideal hinterherzujagen. Wir suchen die Anerkennung im Außen, anstatt uns selbst anzuerkennen. Allen anderen gegenüber sind wir nachsichtig, nur nicht uns selbst gegenüber.

> »Wir suchen die Anerkennung im Außen, anstatt uns selbst anzuerkennen.«

Im Oktober 2016 starteten wir die Aktion #365daysofselfcare, einen Appell, ein Jahr lang jeden Tag etwas für sich selbst zu tun und das auch in den sozialen Medien zu verkünden. Bald zeigte sich dreierlei: Erstens wollen die Menschen sich besser fühlen. Zweitens verstehen sie oft gar nicht, was Selbstfürsorge in ihrem Fall bedeutet. Und drittens tun Schuldgefühle und innere Widerstände alles, um Selbstfürsorge zu verhindern. Sie sind ebenso erbitterte Kontrahenten wie Joker und Batman.

Und deswegen sitze ich hier und schreibe dieses Buch. Wir müssen ganz tief graben, wirklich verinnerlichen, wie wichtig Selbstfürsorge ist, erkennen, warum sie uns schwerfällt, und lernen, uns jeden Tag etwas Gutes zu tun.

Blurt finden Sie unter:

www.blurtitout.org
🅵 facebook.com/@blurtitout
🅓 @blurtalerts
🅸 @theblurtfoundation

Wir stecken alle gemeinsam in dieser Sache. Reichen wir uns doch (digital) die Hand, knüpfen Kontakte und ermuntern uns gegenseitig, wenn uns die Puste ausgeht. Wenn Sie dabei sein möchten, finden Sie uns unter dem Hashtag #selfcareproject.

Neun Arten, wie ich Selbstfürsorge vernachlässigte

Die Selbstfürsorge und ich führen eine Hassliebe. Mir ist klar, wie wichtig Selbstfürsorge ist, wirklich klar. Ich weiß, wenn ich mir im Alltag regelmäßig etwas Gutes tue, zahlt sich das zehnfach für mich aus. Es macht mich zu einem besseren Menschen. Ich mag die Person, zu der mich Selbstfürsorge macht.

Doch aus Gründen, die mir noch immer schleierhaft sind, lasse ich den Selbstfürsorge-Ball gelegentlich fallen wie eine heiße Kartoffel. Mich ärgert es, wie schwer es mir fällt, meine Bedürfnisse an erste Stelle zu setzen – insbesondere angesichts der Tatsache, dass ich ständig andere Menschen dazu ermahne, auf ihre Bedürfnisse zu achten. Ich mag den inneren Dialog nicht mehr hören, der sich entspinnt, wenn ich mir Zeit für mich selbst nehme. Dann werfe ich mir regelmäßig vor, was ich besser tun »sollte«, mit wem ich die Zeit stattdessen verbringen »könnte«, was dieser oder jener tun »würde«. Sie alle kennen diese Könnte-sollte-müsste-Platte mit ihrem grässlichen Sprung. Ich fürchte, sie lässt sich nie ganz abstellen. Aber wir werden besser darin, sie zu ignorieren, uns trotzdem unseren Spaß zu gönnen, und dann verlieben wir uns derartig in die Ergebnisse unserer Selbstfürsorge-Aktionen, dass es mehr schmerzt, darauf zu verzichten, als sie sich zuzugestehen.

In Sachen Selbstvernachlässigung habe ich wirklich alle Register gezogen. Die folgende Aufzählung der schlimmsten neun

Sünden mir selbst gegenüber ist bereits drastisch eingedampft und stellt nur ein Best-of dar.

Es fühlt sich wichtig für mich an, über die Zeiten zu reden, in denen ich mich vernachlässigte. Wir machen das nicht oft genug. Solange alles prima läuft, bekommen wir die Klappe kaum zu. Wir schreien unsere Triumphe in die Welt hinaus. Aber wenn es hart auf hart kommt, verkriechen wir uns. Wann erzählen wir denn in den sozialen Medien von den Schmerzen, die wir erleiden? Von den Zurückweisungen, die wir erfahren? Von unseren verlorenen Kämpfen? Kaum jemals, dabei stoßen wir doch alle im Leben auf Hürden – und wenn wir Schwierigkeiten eingestehen, öffnen wir anderen die Tür, es uns nachzutun. Wir sehen, anderen geht es auch nicht besser, und hören auf, uns zu schämen.

Jeder schießt gelegentlich einen Bock, auch wenn wir andere Menschen fälschlicherweise für unfehlbar halten. Jeder muss gelegentlich kämpfen, jeder kennt Liebeskummer, manche Dinge laufen einfach nicht wie erhofft, und die Erfahrung, zu der Person zu werden, die man sein will, ist oftmals schmerzlich. Wachstum tut weh. Der Weg zur persönlichen Weiterentwicklung ist oft dornenreich; Selbsterkenntnis erlangt nur, wer alles innerhalb und außerhalb von sich hinterfragt und daraus lernt.

Wenn kaum ein Hoffnungsschimmer zu sehen ist und man sich gerade noch so mit den Fingernägeln festkrallt, braucht es eimerweise Mut, um sich wieder aufzuraffen – immer wieder.

Das Leben ist eine Achterbahnfahrt, und manchmal lernt man an Tiefpunkten mehr als an Höhepunkten. Gerade Tiefpunkte erteilen uns wichtige Lektionen und schenken uns neue Einsichten. Tiefpunkte zeigen uns unseren wahren Charakter und unsere innere Stärke. Das ist ein Grund zu feiern, für uns und für andere Menschen, die Ähnliches erlebt haben: Wir haben mit schier unüberwindlichen Hindernissen gekämpft, haben uns durch schwierige Situationen hindurchmanövriert und haben es geschafft.

Ziehen wir nicht über Menschen her, die gerade am Boden liegen. Verurteilen wir sie nicht, sparen wir uns jede Selbstgefälligkeit. Wir alle lernen auf unserem Weg.

Irgendwie bin ich auch stolz auf die Phasen, in denen ich mich gar nicht um mich selbst gekümmert habe. Ich sah ja selbst, dass ich mich vernachlässigte, und so entwickelte ich einen scharfen Blick dafür, wann es so weit war. Ich betrachte diese Phasen nicht als Scheitern, und ich geißele mich heute nicht mehr dafür. Ich weiß, dass ich mich besser um mich hätte kümmern sollen, und wenn sich die Geschichte wiederholen sollte, hoffe ich, es zukünftig besser zu machen. Ich bin noch lange nicht perfekt, aber mein Bewusstsein hilft mir dabei, eine Liste von Selbstfürsorge-Zielen aufzustellen, eine Art Landkarte von Dingen, die ich im Lauf der Zeit verbessern könnte. Wir wissen nur, was wir wissen, und eine Rückschau ermöglicht uns, mit unserem heutigen Wissen auf die Vergangenheit zu blicken. Natürlich verzerrt der Blick zurück auch: Wir betrachten kritisch, was schieflief, weil wir heute mehr wissen als damals – wir wissen, welche Folgen unsere Handlungen und Entscheidungen hatten.

Angesichts dessen schäme ich mich nicht, Ihnen einige echt eklige Episoden zu erzählen.

1. Ein Jahr Ohrenentzündung

Ich hatte immer schon Probleme mit meinen Ohren. Wenn ich nicht fit bin, mucken Ohren und Hals immer zuerst auf. Auf dem rechten Ohr höre ich kaum noch etwas – eine Folge unzähliger Ohrenentzündungen in meiner Kindheit. Nun könnte man glauben, dass mir mein linkes Ohr umso mehr am Herzen liegt. Sicher würde ich es doch nach Kräften pflegen, um nicht ganz zu ertauben. Klingt vernünftig, oder? Genau deswegen ist mir völlig schleierhaft, wie ich es so vernachlässigen konnte.

Im August 2015 bekam ich Schmerzen im linken Ohr, unangenehm riechender Schleim floss heraus. Ich ging zum Arzt und bekam Antibiotika. Die Schmerzen vergingen danach teilweise, aber nie ganz. Mir floss weiterhin ekliger Dreck aus dem Ohr, und mein Hörvermögen war so eingeschränkt, dass ich mich nur noch schlecht mit anderen Menschen unterhalten konnte. Ich bekam einfach nicht mehr richtig mit, was sie sagten. Darunter litt meine Lebensqualität. Oft brachte ich nicht die Energie auf, mich auf die Gespräche um mich herum zu konzentrieren, und häufig fühlte ich mich ausgeschlossen. Es war mir auch peinlich, ständig »Wie bitte?« fragen zu müssen. Dazu kamen auch noch die Schmerzen, die zwar erträglich waren, aber nie ganz verschwanden. Warum ich mich mit diesem Zustand abfand? Das wissen allein die Götter.

Erst ein Jahr nach meinem ersten Termin ging ich wieder zum Arzt. Er verschrieb mir ein Ohrenspray, und keine 48 Stunden später konnte ich wieder hören, kein Schleim floss mehr aus dem Ohr, und der Schmerz war weg.

2. Haare wie ein Dachs

Traurig, aber wahr: Meine Haare werden grau. Schon mit Mitte zwanzig zeigten sich die ersten grauen Strähnen, seitdem breiten sie sich unaufhörlich aus. Wenn ich zu lange nicht nachfärbe, bildet sich ein deutlich sichtbarer »Dachs-Streifen«, der mir überhaupt nicht steht – weil ich ja kein Dachs bin. Trotzdem schaffe ich es nicht, mir die Haare regelmäßig färben zu lassen. Oft muss ich kurz vor wichtigen Geschäftstreffen oder

Veranstaltungen meine Friseurin anbetteln, mich einzuschieben. Nie lasse ich mir die Haare färben, weil es einfach wieder fällig ist. Nie lasse ich mir die Haare einfach nur für mich färben. Doch wissen Sie was? Nach dem Friseurbesuch fühle ich mich immer großartig. Ein Rätsel.

3. Studieren

Letztlich ging ich auf die Uni, weil ich meinen Job hasste, weil all meine Freunde studierten und sich grandios zu amüsieren schienen und weil ich keine Ahnung hatte, was ich tun oder sein wollte. Ich war orientierungslos, gelangweilt und unausgefüllt. Die Berufsberatung an unserer Schule kannte nur zwei Optionen: sich zum Militär verpflichten oder studieren. Ich hatte nach der Highschool eine Ausbildung als Buchhalterin begonnen, aber sie machte mir nicht den geringsten Spaß. Mir schien, ich hätte keine andere Alternative, als zu studieren – wie alle anderen auch. Doch das erwies sich als Riesenfehler. Ich hasste die Uni, sie war einfach nicht mein Ding. Ich bekam Heimweh, fand die Sauferei meiner Mitstudenten furchtbar, langweilte mich in den Kursen und fühlte mich einsam. Vor allem in den ersten Wochen, als ich nur zwei Vorlesungen in der Woche hatte, fehlte mir eine klare Struktur für den Tag. Die Liste war endlos … Ich schmiss den Krempel nur deswegen nicht früher hin, weil ich mich schämte, als Uni-Abbrecherin nach Hause zu kommen.

4. Kotzen, arbeiten, kotzen, arbeiten

Dann wurde ich schwanger und litt unter Morgenübelkeit, aber rund um die Uhr. Ich hätte ständig kotzen können. Es war brutal. In den ersten zwölf Wochen der Schwangerschaft verlor ich zehn Prozent meines Körpergewichts. Schließlich landete ich im Krankenhaus, wo man mir über Infusionen wieder ein wenig Flüssigkeit zuführte. Meinen Nieren ging es nicht gut, und mir ging es auch nicht gut. Zum Glück war der Embryo wohlauf. Rückblickend kann ich nicht fassen, dass ich damals weiterarbeitete. Ich arbeitete in meinen Kotzpausen – sogar noch vom Krankenhausbett aus. Ich trieb meinen Körper bis ans absolute Limit, setzte meine Gesundheit und die meiner ungeborenen Tochter Peggy aufs Spiel, und trotzdem arbeitete ich immer weiter. Daran ist überhaupt nichts Heroisches. Heute würde ich es ganz anders machen.

5. Zahnarzt – nie wieder!

Einmal, ich war 18 Jahre alt, schwoll meine Backe über Nacht stark an und schmerzte extrem. Es half nichts, ich musste zu einem Zahnarzt. Dort traf ich als Allererstes auf eine Praxishelferin, die mich früher in der Schule schikaniert hatte. Wie sich herausstellte, hatte ich einen Abszess, der aufgeschnitten werden musste. Und zu allem Überfluss musste ich zum Kieferchirurgen, um mir alle vier Weisheitszähne entfernen zu lassen. Nach diesem Horror habe ich nie wieder eine Zahnarztpraxis betreten. Was mich gleich zum nächsten Punkt bringt …

6. Tschüss, Backenzahn!

Im Alter von 24 Jahren steckte ich mitten in meiner Depression und brachte kaum noch die Kraft auf, für mich selbst zu sorgen. Ich aß nicht vernünftig, schlief schlecht und vernachlässigte die Körperpflege komplett. Ich glaubte, mein Körper verdiene es einfach nicht, dass man sich um ihn kümmerte. Da ich sowieso mit Selbstmordgedanken spielte, schien mir jede

Körperpflege überflüssig. Darunter litten meine Zähne am meisten: keine Kontrolluntersuchungen, nicht mal Zähneputzen, dafür umso mehr Diät-Cola. Effektiver kann man sein Gebiss kaum ruinieren. Irgendwann verlor ich dann einen Backenzahn, als ich in einen Vollkorntoast biss. Damals scherte mich das nicht weiter, ich registrierte es kaum. Inzwischen weiß ich meine Zähne aber wieder zu schätzen und würde sie mir gern mal richten lassen (die Schwangerschaftsübelkeit hat auch ihre Spuren hinterlassen).

7. Schwammige Grenzen

Das passiert mir immer wieder – ich zeige anderen nicht klar, wo meine Grenzen verlaufen, und fühle mich dann schäbig, wenn ich auf meinen Grenzen beharre. Oft habe ich das Gefühl, meine Grenzen behinderten andere Leute; das wiederum schwächt mein ohnehin schon geringes Selbstwertgefühl. Aber ich arbeite daran. Erschwerend kommt hinzu, dass ich Empathie für diejenigen empfinde, die meine Grenzen verletzen. Ich verstehe ihre Perspektive, kann ihre Gefühle nachempfinden. Und dann bekomme ich Schuldgefühle. Mein Verstand sagt mir, dass jeder selbst für sein Glück verantwortlich ist, aber wenn eine winzige Übertretung meiner Grenzen jemand anderem das Leben erleichtert, dann können Sie Ihren letzten Cent darauf verwetten, dass ich sie zulasse. Hinterher bereue ich das meistens. An diesem Aspekt der Selbstfürsorge muss ich noch schwer arbeiten.

Ich übe schon Antworten für den Fall ein, dass jemand meine Grenzen missachtet, aber meistens mache ich den Mund dann doch nicht auf. Mein Problem ist mangelnder Respekt vor mir selbst. Wir bringen anderen Respekt vor uns bei, indem wir ihnen zeigen, wo unsere Grenzen liegen. Ich wünschte, ich würde mich öfter durchsetzen, schon allein, um meiner Tochter ein gutes Beispiel zu sein.

8. All die Male, da ich Ja sagte und Nein meinte

Auch in diesen Fällen geht es darum, seine Grenzen zu wahren. Ich hatte schon immer das Gefühl, irgendwie anders zu sein, und erst mit zunehmendem Alter verstehe ich allmählich, dass das gar nicht so schlecht ist. Meine introvertierte, schräge Persönlichkeit wird mir immer sympathischer, und das ist eine echte Offenbarung. Bis Anfang dreißig wünschte ich mir so sehr, genauso zu sein wie alle anderen. Verzweifelt sehnte ich mich danach, dazuzugehören. Dafür verbog ich mich total. Das fühlte sich grässlich an, total unaufrichtig. Aber ich glaubte, es allen recht machen zu müssen, um gemocht zu werden. Das Glück der anderen wurde mein oberstes Ziel. Mein Rückgrat hängte ich derweil in den Schrank. Ich entwickelte ein sicheres Gespür für die Bedürfnisse, Wünsche und Erwartungen aller anderen und verlor meine eigenen dabei völlig aus dem Blick. Das sollte sich später gewaltig rächen. Ich verschwendete unendlich viel Zeit und Energie darauf, Dinge zu tun, die ich eigentlich gar nicht tun wollte. Und was brachte mir das? Ich ärgerte mich über mich und andere, wurde misstrauisch, verlor jedes Selbstwertgefühl, opferte mich für andere auf und wusste irgendwann nicht mehr, wer ich überhaupt war. Überhaupt nicht lustig.

9. Baby mit Vanillesoße

Während der Schwangerschaft verstand ich zwei Dinge: Erstens würde ich absolut alles tun, um meine Tochter Peggy glücklich zu machen, und zweitens würde ich viel, viel stärker auf mich selbst achten müssen, um das zu schaffen. Junge Eltern werden ins eiskalte Wasser geworfen. Folgende Episode hat sich mir besonders eingeprägt (glauben Sie mir, damals konnte ich kein bisschen darüber lachen), denn sie illustriert, was für Kleinigkeiten uns zur Weißglut treiben, wenn wir am Ende unserer Kräfte sind. Bekanntlich sind es ja kleine Tropfen, die Fässer zum Überlaufen bringen.

Peggy war ungefähr eine Woche alt, und seit ihrer Geburt hatten wir es noch nicht hinbekommen, eine warme Mahlzeit zu essen. Die Welt stand Kopf, wie immer, wenn so ein winziges, hilfloses Wesen in ein Leben tritt. Es heißt, es brauche ein Dorf, um ein Kind großzuziehen, doch wir hatten nur einen Weiler mit sehr wenigen Menschen zu unserer Unterstützung.

Ich litt schwer am Babyblues, die Naht »da unten« ging mir auf den Zeiger, und von der Schwangerschaftsübelkeit befreit wurde mir das Essen mehr als wichtig. Kaputt und den Tränen nahe, sehnte ich mich nach einer warmen Mahlzeit. Ich brauchte jetzt eine, unbedingt. Zum Glück war ich nicht allein. Auch mein Mann freute sich auf etwas anderes als immer nur Sandwiches. Also bereitete er ein köstliches Mahl samt Dessert zu: Apfelkuchen mit Streuseln und Vanillesoße.

Während des Kochens schlief Peggy. Sie wachte auf, als wir uns gerade zum Essen hinsetzten. Wir schafften es noch, die Hauptspeise hinunterzuschlingen, dann fing sie an zu brüllen. Es sah schlecht aus für die Nachspeise, aber ich *brauchte* in diesem Augenblick meinen Apfelkuchen. Trotzdem opferte ich mich und ließ Dom in Ruhe fertig essen, schließlich hatte er ja gekocht. Irgendwie würde ich es schon hinbekommen, nebenher meinen Nachtisch zu löffeln. Doch das ging gewaltig schief. Versehentlich tropfte ein Klecks (kalte) Vanillesoße von meinem Löffel und landete auf Peggys Kopf, worauf sie wie am Spieß zu brüllen anfing und nicht mehr aufhörte. Den Apfelkuchen habe ich nie aufgegessen.

Vielleicht freut es Sie zu hören, dass wir seitdem prima Staffelläufer geworden sind und nie mehr einen Apfelkuchen haben stehen lassen.

Gelegenheiten, bei denen ich mich selbst vernachlässigte:	Was ich daraus lernte:

Schildern Sie 10 interessante Tatsachen über sich.

1 _____

2 _____

3 _____

4 _____

5 _____

6 _____

7 _____

8 _____

9 _____

10 _____

Welche Bälle jonglieren Sie?

2. Kapitel: Was ist Selbstfürsorge?

»Selbstfürsorge ist nicht egoistisch, auch wenn diese gemeine Stimme im Kopf etwas anderes behauptet.«

Halten Sie Selbstfürsorge für den neuesten Hype? Für einen kurzlebigen Trend, ein schnell vergessenes Schlagwort? Das könnte ich gut verstehen, schließlich werfen seit ein paar Jahren Krethi und Plethi mit dem Ausdruck herum. Selbstfürsorge ist total »angesagt«, eine Google-Suche zu dem Schlagwort spuckt 86 000 000 Treffer aus. Längst pfeifen es die Spatzen von den Dächern, dass wir uns alle besser um uns selbst kümmern sollten.

Dabei hat das Konzept der Selbstfürsorge – ähnlich wie die ebenfalls populären Konzepte von Achtsamkeit und Dankbarkeit – eine lange Geschichte. Kein Wunder, schließlich ist es ja zutiefst vernünftig. Heute ist Selbstfürsorge wichtiger denn je: Wir hetzen krank und müde durchs Leben und haben es satt, krank und müde zu sein.

Achtsamkeit bildet das Fundament für Selbstfürsorge: Nur wer weiß, was er braucht und was ihn nährt, kann sich wirklich um sich selbst kümmern. Selbstfürsorge verlangt von Ihnen, sich in hohem Maß dessen gewahr zu sein, wie Sie sich fühlen, rund um die Uhr, jeden Tag. Nur wenn wir uns unserer Gefühle bewusst sind, können wir unsere Entscheidungen daran ausrichten. Wir müssen die *für uns* richtigen Entscheidungen treffen; das hilft uns dabei, uns gut zu fühlen – lang-, aber auch kurzfristig. Wir alle kennen das: Wir lassen uns zu etwas breitschlagen, bereuen es aber sofort.

»Wir hetzen krank und müde durchs Leben und haben es satt, krank und müde zu sein.«

Dann ärgern wir uns. Anstatt einfach zu sagen »Sorry, ich kann nicht«, versuchen wir uns irgendwie wieder aus der Sache herauszuwinden – und müssen dafür jede Menge Energie und Gehirnschmalz aufwenden. Warum haben wir überhaupt zugesagt? Weil wir die Bedürfnisse, Wünsche und Träume anderer über unsere eigenen stellen, weil wir Erwartungen erfüllen oder die Anerkennung anderer Menschen gewinnen wollen. Wir lassen andere in der Rangordnung an uns vorbeiklettern, ohne uns dessen auch nur bewusst zu sein.

Selbstfürsorge bedeutet, wieder die Verantwortung für sich selbst zu übernehmen. Vermutlich denkt die Mehrheit von uns jetzt: »Na, das mache ich doch sowieso!« Und meistens stimmt das ja auch: Wir gehen zur Arbeit, sorgen für unsere Familie, bezahlen unsere Rechnungen und tun unendlich viele weitere »erwachsene« Dinge. Selbstfürsorge heißt aber, ganz bewusst die Verantwortung für das eigene Glück zu übernehmen – also für unsere körperlichen, emotionalen, seelischen und sozialen Bedürfnisse – und dann alles daranzusetzen, sich diese Bedürfnisse auch tatsächlich zu erfüllen.

Sie betreiben schon Selbstfürsorge, ohne sich dessen vielleicht bewusst zu sein; Sie waschen sich, schlafen und essen. Doch vieles davon geschieht, während wir auf Autopilot schalten – gedankenlos. Bekommen Sie genug Schlaf? Essen Sie Dinge, die Körper und Geist guttun?

Sie allein wissen, was Selbstfürsorge für Sie bedeutet. Jeder Mensch ist in Bezug auf seine Gene, seine Erfahrungen, sein

Umfeld und seinen Lebensstil einzigartig. Eine Stunde Pilates ist für den einen reinster Seelenbalsam und für jemand anderen die pure Qual.

Außerdem entwickeln wir uns alle persönlich weiter, was die Sache zusätzlich verkompliziert. Denn auch, was wir als Selbstfürsorge empfinden, wandelt sich im Lauf des Lebens. Hier kommt die Achtsamkeit wieder ins Spiel; sie hilft uns, unsere sich verändernden Bedürfnisse, Wünsche und Träume im Auge zu behalten.

Meist schaffen wir es aber nicht, mit unseren Bedürfnissen, Wünschen und Träumen mitzuhalten. Dann sind wir nicht glücklich, es geht uns nicht gut.

In den letzten Jahren hat sich die Technologie rasant weiterentwickelt, und das ist in vielerlei Hinsicht eine tolle Sache: Wir können jetzt ganz gemütlich von zu Hause aus Lebensmittel bestellen (sogar im Pyjama), unsere Rechnungen online bezahlen (wann waren Sie das letzte Mal in einer Bank?), Freunden Geschenke bestellen und schon am nächsten Tag zustellen lassen (oder vielleicht sogar am gleichen Tag, je nachdem, wo Sie wohnen), sowie online mit Menschen aus aller Welt kommunizieren. Manche Leute müssen nicht einmal mehr pendeln, weil sie von zu Hause aus arbeiten können.

>>Außerdem entwickeln wir uns alle persönlich weiter, und was wir als Selbstfürsorge empfinden, wandelt sich im Lauf des Lebens.<<

Fantastische Möglichkeiten, oder?

Ja, aber das alles hat seinen Preis. Unser Leben ist hektisch geworden. Den ganzen Tag rennen wir herum – von dem Augenblick an, in dem wir die Augen aufschlagen, bis zu dem Augenblick, in dem wir uns – in der verzweifelten Hoffnung auf eine gesunde Mütze Schlaf – ins Bett legen. Dennoch bleibt immer irgendetwas unerledigt. Wir sind auch zu Sklaven unserer Smartphones geworden und springen, sobald ein blinkendes Licht oder ein Signalton es uns befiehlt. Jeder kann uns auf unzählige verschiedene Weisen erreichen, und Apps kommen uns schon aus den Ohren heraus.

Wir fühlen uns gestresst, erschöpft, unerfüllt und überfordert. Glücklich? Wer hat schon Zeit für Glück? Wie gern würden wir uns etwas Gutes tun, doch dafür fehlt uns die Zeit. Unsere To-do-Liste ist einfach schon zu lang, es passt nichts mehr drauf. Doch so untergraben wir unsere Gesundheit. Das Schlimmste daran: Wir merken überhaupt nicht, was wir da tun, bis es zu spät ist.

Wenn wir die Selbstfürsorge vernachlässigen, zwingt uns irgendwann Krankheit dazu, wieder auf uns zu achten. Wenn Sie nicht von sich aus innehalten, werden Körper und Geist Sie irgendwann zum Innehalten zwingen. Ein gruseliger Gedanke. Wenn es einmal so weit ist, bleibt Ihnen keine andere Wahl mehr. Und hoffentlich ist es dann noch nicht zu spät.

Ein großer Teil des Drucks, den wir uns machen, rührt daher, dass wir den Erwartungen, Idealen und Bedürfnissen anderer Menschen entsprechen wollen. Die anderen brüllen so laut, dass wir uns angewöhnt haben, ihnen zu dienen, damit sie endlich die Klappe halten. Wir wollen alle gemocht werden, aber wenn wir all unsere Zeit und Energie darauf verwenden, es anderen Menschen recht zu machen, bleibt nichts mehr für die eigenen Bedürfnisse und Wünsche übrig. Wir sorgen uns um das Glück der anderen und opfern dafür das eigene.

Das kann so nicht weitergehen.

Selbstfürsorge ist nicht egoistisch, auch wenn diese gemeine Stimme im Kopf etwas anderes behauptet.

Ganz im Gegenteil: Wenn wir Selbstfürsorge-Ninjas werden, können wir anderen so viel mehr geben. Wenn wir unsere eigenen Bedürfnisse an erste Stelle setzen, hat das oft positive Auswirkungen auf die Dinge, die für uns am meisten zählen: unsere Gesundheit, unsere Beziehungen, unsere Belastbarkeit, unsere Arbeit. Die Menschen, die ein Problem damit haben, dass wir uns um uns selbst kümmern, sind selbst das Problem.

Schon der Philosoph Sokrates im antiken Griechenland wusste um die stärkende Wirkung von Selbstfürsorge. Er erkannte auch den Unterschied zwischen Selbstfürsorge und Egoismus – zwei Dinge, die oft miteinander verwechselt werden.

Heutzutage herrscht die irrige Annahme, es sei egoistisch, zuerst an sich selbst zu denken. Die moralische Vorgabe lautet, möglichst selbstlos zu sein. Doch Selbstaufopferung stößt irgendwann an ihre Grenzen. Ebenso wie ein Auto Treibstoff braucht, um lange Strecken zu bewältigen, leisten auch wir mehr, wenn unser Tank voll ist. Selbstfürsorge ermöglicht es uns, die beste Version von uns selbst zu sein, was es uns wiederum erlaubt, uns besser um unsere Mitmenschen zu kümmern. Selbstfürsorge erleichtert es uns, einen Beitrag für die Gesellschaft zu leisten, und zwar auf eine Weise, die unseren Werten entspricht. Dann handeln wir aus eigenem Antrieb, nicht aus einem Gefühl der Verpflichtung heraus.

Wenn wir egoistisch handeln, sind wir darauf ausgerichtet, was wir »haben« können, und nicht darauf, was wir »sein« können. Die Versuchung lauert überall: Wir möchten mit den Nachbarn mithalten, lassen uns von Titeln blenden, gieren nach sofortiger Bedürfnisbefriedigung und opfern dafür unser langfristiges Glück.

Taten sagen mehr als Worte, und wenn wir sichtbar für uns selbst sorgen, zeigen wir anderen, wie wir behandelt werden möchten. Vielleicht lehren wir sie mit unserem Beispiel sogar, sich ebenfalls um sich selbst zu kümmern. Sokrates würde das eine »Kette des Kümmerns« nennen – indem man Selbstfürsorge betreibt, geht man mit gutem Beispiel voran.

»Heutzutage herrscht die irrige Annahme, es sei egoistisch, zuerst an sich selbst zu denken.«

Die von Sokrates vermittelten Maximen »Sorge für dich selbst« und »Erkenne dich selbst« gelten als Ursprung unseres heutigen Konzepts von Selbstfürsorge und sind untrennbar mit der »sokratischen Art zu leben« verwoben.

Sokrates lebte von 470 oder 469 bis 399 v. Chr. und prägte die westliche Kultur ganz entscheidend mit. Mit seinen Lehren zu Moral und Ethik war Sokrates seiner Zeit weit voraus – zu weit: In einem Prozess mit 500 Geschworenen wurde er wegen »Missachtung der Götter« und »verderblichen Einflusses auf die Jugend« zum Tode verurteilt. Er starb für seine Überzeugungen.

Leider hat keines von Sokrates Werken überlebt. Wir können uns allein auf Sekundärquellen stützen, vornehmlich die Werke seines Schülers Platon. Platon, ein weiterer einflussreicher Philosoph der griechischen Antike, lebte von 428/427 bis 348/349 v. Chr. Auch er war ein ziemlich innovatives Kerlchen und gründete mit seiner Akademie die wohl erste Universität der Welt. Dort wurden Fächer wie Biologie, Mathematik, Astronomie, Philosophie und politische Theorie gelehrt. Sokrates förderte und inspirierte Platon, der wiederum später Aristoteles unterrichtete – ein weiterer Superstar der Philosophie, der seinerseits ein Lehrer von Alexander dem Großen war. In seinen Werken bringt Platon uns Sokrates' Gedankenwelt nahe und zeigt uns, wie wir seine Lehren heutzutage anwenden können.

Im *Großen Alkibiades* geht Platon zum ersten Mal ausführlich auf den Begriff »Selbstfürsorge« (epimeleia heautou) ein, als er die Frage »Was ist das Selbst, das man selbst pflegen muss?« beantwortet. Dort heißt es: »Selbstfürsorge bedeutet, für das Selbst zu sorgen, sofern es das ›Subjekt‹ oder der ›Gegenstand‹ einer bestimmten Anzahl von Dingen ist: der Gegenstand von hilfreichen Handlungen, von Beziehungen zu anderen Menschen, von Verhalten und Einstellungen im Allgemeinen sowie der Gegenstand der Beziehung zu sich selbst.«

Das bedeutet: Sich um sich selbst zu kümmern, heißt, entschlossen und bewusst zu handeln. Zur Selbstfürsorge gehört auch die Pflege unserer Beziehungen zu anderen (und die Verteidigung unserer Grenzen in diesen Beziehungen). Selbstfürsorge beinhaltet, sich authentisch zu verhalten, sich nicht verbiegen zu lassen und sich selbst mit der Aufmerksamkeit, Freundlichkeit und dem Respekt zu behandeln, die wir verdienen.

In Platons *Großem Alkibiades* unterstreicht Sokrates ebenfalls, wie enorm wichtig Selbsterkenntnis sei, und bezieht sich dabei auf die berühmte Inschrift *gnōthi seautón* im Apollontempel von Delphi: »Erkenne dich selbst«.

Nur wer sich selbst kennt, kann sich wirksam um sich selbst kümmern. Was macht mich aus? Was sind meine Prinzipien, Werte, Anschauungen und Wertvorstellungen? Entsprechend müssen wir unsere Grenzen ziehen. Wir müssen in uns hineinhorchen, welche Gefühle bestimmte Entscheidungen und Handlungen in uns auslösen, und dann diszipliniert der Frage nachgehen, warum wir so fühlen oder reagieren.

Gelegentlich werden diese Antworten mit unserem Selbstbild oder mit unserem Pflichtgefühl kollidieren. Vertrauen wir im Zweifelsfall unserem Gespür, nicht den verwirrenden »Wahrheiten«, die uns von den Medien und der Gesellschaft eingetrichtert werden.

Gelegentlich können die gewonnenen Erkenntnisse durchaus schmerzhaft sein und unbequeme Wahrheiten offenbaren, etwa dass wir bestimmte Menschen in unserem Umfeld nicht leiden können, dass wir unseren Job nicht besonders mögen oder dass wir, obwohl wir das eigentlich gar nicht wollen, Zeit und Energie mit bestimmten Leuten verschwenden. Niemand hat behauptet, diese Sache mit der Selbstfürsorge sei einfach!

Sokrates zufolge bilden Selbstfürsorge und Selbsterkenntnis das Fundament für gesunde Beziehungen zu uns selbst und zu anderen. Indem wir uns um uns selbst kümmern und uns selbst erkennen, verringern wir die Gefahr, anderen wehzutun – weil wir uns unserer eigenen Grenzen, Möglichkeiten und Potenziale bewusster sind. Nach Sokrates erlaubt uns Selbsterkenntnis, uns selbst zu bewahren und unseren eigenen Weg zu finden.

Oder anders betrachtet: Wer nicht für sich selbst sorgt, vernachlässigt sich – und sei es nur durch Unterlassung. Niemand stellt seine Bedürfnisse absichtlich zurück – und doch tun wir es ständig. Erschreckend. Wir vergessen, zuerst an uns zu denken, und das führt unweigerlich in die Katastrophe: zum körperlichen und seelischen Zusammenbruch.

Die Grenzen zwischen Pflichterfüllung, Engagement und Selbstvernachlässigung verschwimmen oft derartig, dass Erschöpfung als lobenswert oder als Auszeichnung gilt – ein Insiderwitz unter Betroffenen. Wir machen uns kaputt in unserem Bemühen dazuzugehören, Erfolg zu haben, von anderen anerkannt zu werden, es allen recht zu machen. Das klingt einigermaßen dramatisch, oder?

»Nur wer sich selbst kennt, kann sich wirksam um sich selbst kümmern.«

Aber nehmen Sie beispielsweise das Zähneputzen: Zwei Mal zwei Minuten täglich, und wir ersparen uns kaputte Zähne, krankes Zahnfleisch, schlechten Atem, Mundkrebs und teure Zahnarztbesuche. Eigentlich ganz einfach, oder?

Selbstfürsorge verhindert Krankheiten, sie ist die beste Prävention überhaupt. Um das Bestmögliche herauszuholen, müssen wir unsere Bewusstheit erhöhen, öfter über uns selbst nachdenken und die Erkenntnisse aus diesem Denkprozess auch umsetzen. Betrachten wir unser Leben aus einem anderen Blickwinkel. Machen wir uns klar, dass unsere körperlichen, seelischen und sozialen Bedürfnisse an erster Stelle kommen. Beherzigen wir endlich die oft subtilen Signale, die uns dazu ermahnen, einen Gang runterzuschalten, innezuhalten und locker zu lassen.

»Selbstfürsorge ist ganz zweifellos der Königsweg zu Gesundheit und Glück.«

Frühwarnsignale gibt es immer, wir achten nur nicht auf sie, zum Beispiel Erschöpfung, chronische Schmerzen, Knoten und Schwellungen, Abgeschlagenheit oder das Gefühl, alles wachse einem über den Kopf. Anstatt sie zu beachten und die tieferliegenden Ursachen zu ergründen, ignorieren wir sie und beißen uns weiter durch. Doch dadurch erlegen wir unserem Geist, unserem Körper und unseren Beziehungen ungeheuren Stress auf. Dem European Health Parliament zufolge fließen läppische drei Prozent der Gesundheitsbudgets in vorbeugende Maßnahmen. Wir müssen die Verantwortung für unsere Gesundheit und unser Wohlergehen also selbst in die Hand nehmen, sonst tut es niemand.

Selbstfürsorge ist ganz zweifellos der Königsweg zu Gesundheit und Glück.

Wir stehen nur selten ganz oben in der
Rangordnung, wo wir eigentlich hingehören.
Wo ordnen Sie sich aktuell ein?

Markieren Sie auf der Anzeige der Zapfsäule,
wie voll oder leer Ihr Tank gerade ist.

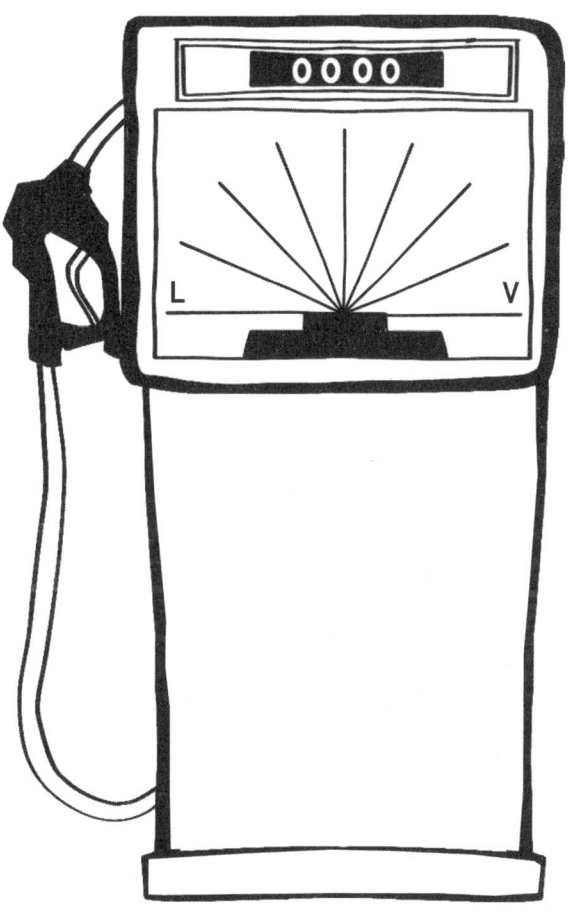

Das ist ein Barometer für Ihre Stimmung
im Monatsverlauf. Legen Sie vorher für
verschiedene Stimmungen jeweils eine Farbe fest
und malen Sie jeden Tag einen Bereich des Fisches
in der Farbe aus, die die vorherrschende
Stimmung am ehesten wiedergibt.

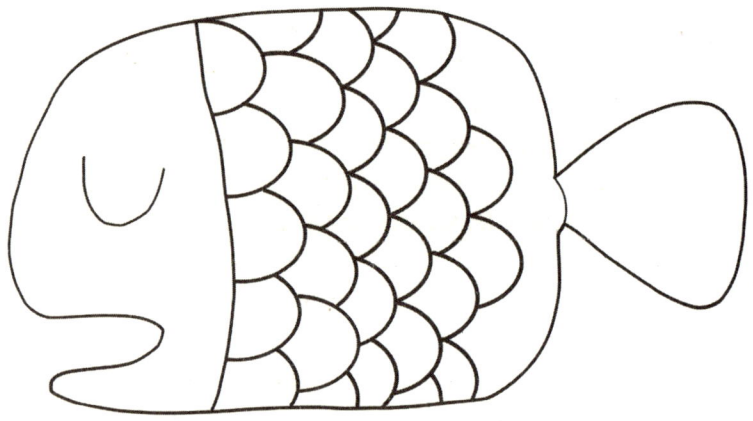

Farbcode für Ihre Stimmungen

☐ z. B. gelassen   ☐   ☐

☐   ☐   ☐

3. Kapitel: Warum Selbstfürsorge wichtig ist

»Selbstfürsorge stärkt in allererster Linie den Draht zu uns selbst.«

Das Schlagwort »Selbstfürsorge« beschwört bei vielen Menschen unzählige märchenhafte Vorstellungen herauf: dampfende Schaumbäder inmitten von Duftkerzen, Wellness-Landschaften, romantische Candlelight-Dinner, edle Gesichtsmasken, Ferien am Pool, Instagram-fähige Abenteuer, Picknicks im Park mit guten Freunden, kuschelige Nächte in ...

Klar, auch das bedeutet Selbstfürsorge. Aber diese Klischees machen nur einen ganz kleinen Anteil aus. Selbstfürsorge ist kein Golfclub, zu dem nur die Schönen und Reichen Zutritt haben. Sich mit großer Geste mal so richtig zu verwöhnen – tolle Sache, aber nichts für den Alltag. Für den Alltag brauchen wir lebensnähere Möglichkeiten, um uns etwas Gutes zu tun. Wer fälschlicherweise Schaumbäder im Kerzenschein oder Ähnliches für die einzige Art der Selbstfürsorge hält, muss ja verzweifeln. Ein solcher Luxus ist für viele von uns unerreichbar. Aber deswegen darf man nicht die Flinte ins Korn werfen. Die Ausrede »Das ist nichts für Leute wie mich« zählt nicht, Selbstfürsorge ist in aller Regel gratis und simpel, nicht exklusiv. Lassen Sie sich davon aber nicht täuschen: Dieser Umstand schmälert ihre Bedeutung keineswegs. Simple Akte der Selbstfürsorge können ihr Leben von Grund auf verändern: endlich den längst fälligen Arzttermin vereinbaren, ausreichend schlafen, seine Medikamente nehmen, bei einem Seelsorge-Telefon anrufen, die Zähne putzen, das Zimmer aufräumen, Rechnungen bezahlen, sich auf eine Stelle bewerben, eine nahrhafte Mahlzeit essen, Kinderbetreuung organisieren, Formulare ausfüllen, einen unangenehmen Telefonanruf erledigen, die Wäsche waschen, duschen, die eigenen Grenzen behaupten oder um Hilfe bitten. Natürlich langweilt dieser »Verwaltungskram des Lebens«, deshalb schieben wir ihn gern vor uns her oder unterlassen ihn ganz. Dabei spart er uns jede Menge potenziellen Ärger: Wer sich lange Zeit nicht um den Verwaltungskram seines Lebens kümmert, riskiert erhebliche Turbulenzen – Turbulenzen, deren Bewältigung dann viel mehr Kraft kostet als der ursprüngliche Verwaltungskram.

Unsere Entscheidungen und Handlungen bestimmen unser gesamtes Leben. Zu hundert Prozent. Leider passt das Ergebnis oft nicht zu unseren Wünschen und Bedürfnissen, weil wir uns von Routinen lähmen lassen, in Details verheddern oder äußerem Druck nachgeben. Die Folgen für unser emotionales und seelisches Befinden sind oft verheerend.

Jede Lebenssituation – egal, ob bewusst angestrebt oder zufällig erreicht – ist die Folge unzähliger winziger Handlungen und Entscheidungen, die einzeln betrachtet meist unbedeutend erscheinen. Ein außergewöhnliches Leben ergibt sich erst aus der Summe dieser Handlungen und Entscheidungen – vorausgesetzt, man verfolgt ein bestimmtes Ziel. Der Teufel steckt im Detail, und es hilft uns ungemein, wenn wir wissen, was wir sein, tun und fühlen wollen. Denn das eröffnet uns die Möglichkeit, das angestrebte Ziel zu »rekonstruieren« und sich zu überlegen, welche Schritte man unternehmen muss, um es zu erreichen.

Angenommen, wir planen einen Urlaub. Wir freuen uns schon unheimlich, aber vorher gibt es unheimlich viel zu erledigen: Wir müssen unsere Finanzen auf Möglichkeiten durchkämmen, das dafür nötige Geld an anderer Stelle einzusparen, vielleicht einen neuen Pass beantragen, den Reisezeitraum mit allen Betroffenen absprechen, ein Ziel festlegen, entscheiden, mit wem wir fahren wollen, beim Arbeitgeber Urlaub beantragen, eventuell einen Impftermin beim Arzt vereinbaren, Auslandskrankenversicherungen vergleichen und eine Police abschließen, den Transport zum Flughafen organisieren, packen – wir müssen eine lange Liste abarbeiten, bis wir endlich am Urlaubsort ankommen. Das ist mühsam, aber wir haben all das ja sehenden Auges in der Hoffnung auf uns genommen, dass uns der Urlaub für alles entschädigt.

Mit Selbstfürsorge verhält es sich genauso. Die dafür nötigen Schritte sind einzeln betrachtet vielleicht nicht so prickelnd, aber wenn wir wissen, wer wir sein wollen, wie wir uns fühlen wollen und was wir tun wollen, dann ist Selbstfürsorge schlicht der Prozess, der uns hilft, von A nach B zu gelangen. Dieses *Wissen* befähigt uns, bessere, sinnvollere, durchdachtere Entscheidungen zu treffen und entschlossener zu handeln.

Sind Sie immer noch nicht überzeugt? Dann liegt das wahrscheinlich daran, dass der Begriff »Selbstfürsorge« immer noch mit Luxus-Wellness assoziiert wird und emotional aufgeladen ist. Allein der Gedanke, die eigenen Bedürfnisse künftig an erste Stelle zu setzen, löst bei vielen Menschen schon Schuldgefühle aus; sie kommen sich egoistisch vor. Oder sie schämen sich dafür, dass sie sich all den Wellness-Zirkus nicht leisten können. Vielleicht finden sie die Idee, sich etwas zu gönnen, schlicht frivol. Oder sie fürchten, den Eindruck zu erwecken, alles wachse ihnen über den Kopf. Allein die Nennung des Begriffs »Selbstfürsorge« bringt viele Menschen dazu, sich zwanghaft mit anderen zu vergleichen. Oder sie verdrehen die Augen, weil sie das Wort schon nicht mehr hören wollen, so abgenutzt und hohl klingt es inzwischen. Möglicherweise jonglieren sie gerade auch so viele Bälle, dass sie es nicht einmal wagen, kurz innezuhalten, um sich zu überlegen, was Selbstfürsorge für sie bedeutet. Selbstfürsorge löst ständig innere Widerstände in uns aus.

Das gilt für uns alle.

Das Thema ist emotional aufgeladen, denn um Selbstfürsorge zu betreiben, müssen wir uns selbst an erste Stelle setzen. Und viele von uns glauben, das nicht zu verdienen. Außerdem ist der erste Schritt zur Selbstfürsorge, dass man sich seine Verwundbarkeit eingesteht – auch das widerstrebt uns fundamental. Wir möchten uns nicht nackt und verletzlich fühlen.

Ständig trichtert man uns ein, anderen gegenüber empathisch, rücksichtsvoll und verständnisvoll zu sein; die Gesellschaft ermuntert uns, anderen zu helfen, unseren Beitrag zu leisten, hart zu arbeiten ... Aber kaum jemand bringt uns bei, wie wir emotional und seelisch ticken. Damit erweisen wir uns einen Bärendienst.

Das Wort »Ich« verursacht bei vielen Menschen extrem unangenehme Gefühle, als hätten sie Feuerameisen in der Hose (Sie wissen genau, wovon ich rede, oder?) oder als würden sie in den höchsten Tönen gelobt. Wir empfinden die Vorstellung, zuerst an uns selbst zu denken, geradezu als ekelerregend. Wir fühlen uns dabei unbehaglich. Durch unseren Kopf schwirren widerstreitende Gedanken. Weltbilder prallen aufeinander. Dabei ist unser Leben doch schon hektisch genug. Unser Gehirn läuft auf vollen Touren. Unsere Hände haben alles Mögliche zu tun.

»Der erste Schritt zur Selbstfürsorge ist, dass man sich seine Verwundbarkeit eingesteht.«

Der nagende Verdacht, dass irgendetwas in unserem Leben schiefläuft, streut zusätzlich Salz in unsere Wunden. Wir haben die ewig gleiche Tretmühle unseres Lebens schlicht satt. Ein mulmiges Bauchgefühl mahnt uns, Bilanz zu ziehen, aber wir ignorieren es. Unsere eigenen Prioritäten sind unter den Vorstellungen und Erwartungen unseres Umfelds begraben, und wir ackern einfach blind weiter, bis Krankheit oder andere Umstände uns zum Innehalten zwingen.

Dabei sind wir nicht notwendigerweise in allen Lebensbereichen unzufrieden; Menschen können durchaus gleichzeitig dankbar und verdrossen sein, motiviert und verängstigt, optimistisch und erschöpft. Wir gehören nicht in Schubladen, wir sind von Natur aus komplexe und widersprüchliche Wesen.

Veränderungen fallen uns schwer. Sie verstören uns. Sie tun weh.

Aber wenn wir weiter Raubbau an unserer Gesundheit betreiben, wird uns die Veränderung irgendwann aufgezwungen. Entweder nehmen wir unser Schicksal selbst in die Hand, oder es gibt irgendwann einen Riesenknall.

Wir stecken in der Klemme.

Es hilft auch nicht, dass die menschliche Spezies kein besonderer Fan von Veränderungen ist. Ständiger Wechsel gehört zum Leben einfach dazu, und auch unser Körper erneuert und verändert sich laufend. Doch unser Geist findet Gewohnheiten ungemein tröstlich. Veränderung bedeutet oft, dass irgendetwas endet. Und wir sollten uns die Zeit nehmen, um das zu betrauern, was da endet – egal, wie schlecht es war.

Vom Kopf her wissen wir, dass Dinge sich verändern und sogar verändern müssen. Aber selbst Veränderungen anstoßen? Nein, danke, das lassen wir lieber. Veränderung geht immer einher mit Angst vor dem Unbekannten, mit Versagensängsten, Selbstzweifeln, Widerständen unserer Umwelt, Anstrengungen sowie der Notwendigkeit, bestehende Vorstellungen zu hinterfragen und unser emotionales Gepäck zu durchforsten. Da bleiben wir doch lieber in unserer Komfortzone. Hier fühlen wir uns sicher und wohl, hier haben wir alles unter Kontrolle.

Wie oft hören wir kritische Kommentare wie »Der hat sich aber verändert!«, als ob Veränderung etwas Schlechtes wäre? Wir fühlen uns unbehaglich, wenn wir die Veränderung ausgelöst haben, und ganz besonders unwohl ist uns, wenn sich die Menschen um uns herum verändern.

»Veränderungen fallen uns schwer. Sie verstören uns. Sie tun weh.«

Und dann gibt es äußere Katalysatoren für Veränderungen. Kommt die Veränderung von außen, befinden wir uns meist nicht in der besten Ausgangslage. Oft sind die Umstände, die Veränderungen anstoßen oder verlangen, an sich schon schmerzlich. Und ja, oft führt erst ein Zusammenbruch zum Durchbruch, trotzdem ist das natürlich der denkbar schlechteste Startpunkt für eine Veränderung.

Selbstfürsorge regt uns dazu an, die Beziehung zu uns selbst zu vertiefen, den eigenen Alltag genauer unter die Lupe zu nehmen und dann kleine, dauerhafte Änderungen einzuführen. Selbstfürsorge fordert uns dazu auf, die Sinne zu schärfen und bewusster bei allem zu sein, was wir tun. Uns selbst zu vertrauen. Uns zu gestatten, das Leben mit beiden Händen zu packen und glücklich zu sein. Die wahren Gründe für unser Handeln zu hinterfragen. Zu verstehen, dass wir gut genug sind, mit all unseren wunderbaren Eigenheiten. Zu beobachten, wie wir uns fühlen, und nach Mustern zu suchen, im Guten wie im Schlechten. Unterwegs den Kurs zu korrigieren, bevor wir ungebremst an die Wand knallen. Probleme bei den Hörnern zu packen und sofort nach Lösungen zu suchen. Es gibt Millionen von Gründen, sich Veränderungen zu widersetzen, und einen sehr guten Grund, Veränderungen willkommen zu heißen: Sie versprechen uns ein besseres Lebensgefühl. Sie stellen uns Gesundheit, Energie und Glück in Aussicht. Auf diese Dinge verzichten wir, wenn wir uns gegen den Wandel sperren.

Damit Selbstfürsorge ihre volle transformative Wirkung entfalten kann, müssen wir lange und tief in den Spiegel blicken und lernen, uns mit unserem Gegenüber anzufreunden, all seinen Fehlern zum Trotz. Diese Forschungsreise ist nicht nur eine zusätzliche Aufgabe in unserem ohnehin schon hektischen Alltag, sie ist auch ein fortlaufender Prozess, der mitunter unangenehm sein kann. Kein Wunder, dass wir diese Reise meiden wie die Pest.

Jeder Mensch ist einzigartig, das haben wir alle gemeinsam. Erziehung, Gene, Erfahrungen und Charakter machen jeden Einzelnen von uns unverwechselbar. Und trotzdem feiern wir unsere Individualität nicht, sondern verbiegen uns, um den Vorstellungen und Erwartungen anderer zu entsprechen.

Ähnlich wie die Begriffe »Selbstfürsorge« und »Achtsamkeit« ist auch der Ausdruck »authentisch« inzwischen ziemlich abgegriffen. Ein Juwel, das jeden Glanz verloren hat. Authentizität erwächst nicht aus Status, Auszeichnungen oder Erfolgen, sondern daraus, dass man seine Einzigartigkeit annimmt, wahrhaftig ist und zielbewusst lebt. Man versteht, wer man ist und was einen als Mensch ausmacht. Wenn wir uns verbiegen, winden und selbst verleugnen (und an unserer miesen Stimmung merken wir sofort, was wir da tun), untergraben wir unser Selbstwertgefühl und Selbstbewusstsein.

Doch um authentisch mit anderen Menschen umgehen, echte Verantwortung für das eigene Handeln übernehmen, bewusst Entscheidungen treffen, den eigenen Verhaltenskodex einhalten und uns wirklich gestatten zu können, ganz wir selbst zu sein, müssen wir *wissen*, wer wir überhaupt sind. Das erlaubt uns, die Lücke zwischen unserem wahren Ich und der Fassade, die wir der Welt präsentieren, zu schließen. Selbst einfache Fragen wie »Was möchtest du trinken?« können wir erst richtig beantworten, wenn wir uns wirklich kennen. Darüber hinaus müssen wir den Mut aufbringen, Fragen ehrlich zu beantworten. Denken wir mal darüber nach. Wollen wir unseren Tee wirklich, »wie er kommt«? Wenn wir es anderen überlassen, unsere schwammigen Antworten zu entschlüsseln, bekommen wir am Ende halt irgendetwas. Warum sollten wir unsere Macht verschenken und uns ganz einem anderen anvertrauen, ohne zu wissen, wohin das führt? Wir müssen uns die Mühe machen, unser Ich wirklich von Grund auf zu erforschen:

Was geht uns auf die Nerven?
Wo liegen unsere Stärken und Schwächen?
Was fürchten wir?
Wovon träumen wir?
Wo verlaufen unsere Grenzen?
Wie stehen wir zu bestimmten moralischen Fragen?
Wie lautet unser Verhaltenskodex?
Was steht uns im Weg?
Was gibt uns Schwung?
Was raubt uns Energie?

Es erfordert Mut, so tief zu schürfen, denn die Antworten werden uns nicht immer gefallen. Bei diesem Prozess werden wir mit unseren Schwächen konfrontiert – den weniger hübschen Teilen unserer Persönlichkeit. Wir entdecken aber auch unsere Stärken.

Es reicht nicht, sich durchs Leben treiben zu lassen und immer nur auf äußere Einflüsse zu reagieren. Sonst landet man schnell in einem Hamsterrad alter Gewohnheiten, die zu nichts mehr nützen, und fühlt sich eingesperrt. Erfüllung liegt woanders.

Wir leben in einer Welt voller Termine, die andere uns gesetzt haben. Wir haben reichlich soziale Kontakte, doch die meisten davon sind nur oberflächlich. Wir rackern uns an To-do-Listen ab, die trotzdem immer länger zu werden scheinen. Wir wollen alles sofort beherrschen und lassen uns keinen Raum für Fehler oder Fortentwicklung. Wir multitasken erfolgreich und stürzen uns von einer Aufgabe in die nächste, ohne jemals innezuhalten. Die sozialen Netzwerke spornen unser Konkurrenzdenken an. Wir stopfen immer mehr Aufgaben in unseren Tag, weil wir denken, das sei der einzige Weg, um dem Druck standhalten zu können.

Wir sehnen uns nach Gleichgewicht, finden es aber normalerweise nicht, weil es kein Gleichgewicht mehr gibt, keinen goldenen Mittelweg. Wir reiben uns auf der aussichtslosen Suche nach etwas auf, das es überhaupt nicht gibt. Das Leben lässt nicht zu, dass wir alles »auf die Reihe bekommen«. Indem wir uns auf eine Sache konzentrieren, vernachlässigen wir notwendigerweise etwas anderes – meistens leider uns selbst. Und merken nicht einmal, was wir da tun.

Selbstfürsorge ist kein neumodischer Eso-Kram, auch wenn so mancher das glaubt. Sie ist ein mächtiges Werkzeug. Wenn wir uns ernsthaft auf sie einlassen, kann sie in unserem Leben viel bewirken. Sie trägt alles mit, was wir tun, sie hilft uns, das Beste aus uns herauszuholen, sie fördert unsere geistige und körperliche Gesundheit, sie verringert das Burnout-Risiko und unterstützt uns darin, in allen Bereichen unseres Lebens mehr zu leisten, rückhaltlos zu lieben und uns selbst zu versorgen. Sie gibt uns Kraft, Klarheit und ein Ziel.

Selbstfürsorge ist ein kurz- und langfristiger Ansatz, der uns erlaubt, wieder Kapitän unseres eigenen Schiffes zu sein.

Die Selbstfürsorge-Alarmglocken, die wir oft ignorieren

Wir alle sind der lebende Beweis dafür, dass es Wunder gibt. Die Wahrscheinlichkeit, dass unsere Eltern genau uns zeugten, war unfassbar gering. Der Umstand, dass es uns gibt, ist also an sich schon unfassbar. Lassen Sie das einen Augenblick lang auf sich wirken: Sie sind ein Wunder. Genau, SIE! Vielleicht fühlen Sie sich nicht wie eines, aber wissenschaftlich betrachtet ist es ein Wunder, dass gerade Sie geboren wurden. Und seit dem Moment, in dem Sie ein »Wesen« wurden, schuften die Zellen in Ihnen, ohne dass Sie einen bewussten Gedanken daran verschwenden müssten. Diese kleinen Zellen sind für Sie gewandert und gestorben, sie haben Sie geschützt, erneuert, regeneriert, gereinigt und am Leben erhalten. Unsere Zellen sorgen jede Millisekunde des Tages für uns, pausenlos, aber wir würdigen das nicht angemessen.

Wir sind fein austarierte, komplizierte Maschinen, und soweit es die Selbstfürsorge anbelangt, dürfen wir uns den eigenen Körper durchaus als Maschine vorstellen. Allerdings nicht im Sinn eines Roboters, schließlich wollen wir nicht in einem Terminator-Film mitspielen. Unser Körper ist vielmehr deshalb mit einer Maschine vergleichbar, weil unsere Organe physische Funktionen erfüllen und dafür gewartet und instand gehalten werden müssen. Unsere Organe melden uns sogar – allerdings oft auf subtile Weise –, wenn etwas nicht rund läuft. Um optimal funktionieren zu können, müssen wir auch unseren eigenen

Beitrag betrachten: Was verlangen wir unseren hart arbeitenden Körperteilen ab? Und würdigen wir sie auch angemessen?

Viele von uns fangen erst an, für sich zu sorgen, wenn es schon zu spät ist. Dann geht es darum, körperliche und seelische Schäden zu reparieren, die schon aufgetreten sind. Erst wenn es uns dreckig geht, kümmern wir uns ernsthaft um uns selbst – und zwar genauso lang, bis wir uns wieder aufgerappelt haben. Sobald wir wieder funktionieren, stellen wir die Selbstfürsorge ein. Selbstfürsorge als präventive Maßnahme, um Druck abzubauen, ist uns fremd. Wir bleiben in der Wunschvorstellung verhaftet, dass unser Unwohlsein, all die kleinen Zipperlein und Schmerzen schon wieder von selbst verschwinden. Wir ignorieren sie oder spielen sie herunter, wir tun sie ab und wollen keine Umstände machen. Dahinter steht die irrige Vorstellung, wir müssten mit allem zurechtkommen, was das Leben uns so vor die Füße wirft.

Wir achten nicht auf die Warnsignale und reagieren nicht auf sie – sorry, dafür sind wir zu beschäftigt!

Dabei könnten wir uns das Leben so viel leichter machen, wenn wir auf unsere inneren Signale hören würden – unser Körper ist klug, er kennt seinen Zustand besser als wir, und er schickt nur die wirklich wichtigen Botschaften an den Verstand. Unser Körper drängt uns nur dann, uns wieder besser um uns zu kümmern, wenn das wirklich nötig ist. Jeder kennt die Signale seines Körpers – schweißnasse Hände beim Vorstellungsgespräch, knurrender Magen, Durst oder Fieberschübe.

Angesichts der ständig um unsere Aufmerksamkeit buhlenden Außenwelt müssen wir lernen, den äußeren Krach auszublenden und wieder auf die Signale unseres Körpers zu achten. Wer auf die manchmal fast unhörbar leisen Signale hört, kann entschlossen handeln und die Schäden am eigenen Körper minimieren oder sogar vermeiden.

Diese Signale sind wie Alarmsirenen: Sie warnen uns, innezuhalten, langsamer zu machen, zuzuhören und uns wieder besser um uns zu kümmern. Oft genug stellen wir uns aber taub und verlieren immer stärker das Gefühl für den eigenen Körper. Wir scheuen davor zurück, mal langsamer zu machen, weil wir schon bei Vollgas damit zu kämpfen haben, all unsere Aufgaben zu schaffen. Weil wir bis über beide Ohren in Arbeit stecken, ignorieren wir die Alarmglocken, bis sie so ohrenbetäubend laut schrillen, dass wir sie beachten und innehalten müssen. Alles, was dauerhaft einer zu großen Belastung ausgesetzt ist, geht irgendwann kaputt. Das gilt auch für unsere Köpfe und Körper.

Die Unfähigkeit abzuschalten

Wenn unser Gehirn gar nicht mehr aufhört, Pläne zu schmieden, Sorgen zu wälzen und Probleme zu lösen, ist das oft ein Signal dafür, dass wir überdrehen und uns nicht genug Pausen gönnen. Unser Gehirn braucht Pausen, um den Tag verarbeiten zu können, die Ereignisse zu sortieren und zur späteren Verwendung abzuspeichern. Gönnen wir unserem Verstand keine Ruhephasen, hetzt er immer nur hinterher, und irgendwann haben wir das Gefühl, total unter Strom zu stehen und viel zu viele Bälle gleichzeitig in der Luft zu haben. Die moderne Technik sorgt dafür, dass wir mit Informationen bombardiert werden, wir müssen mehr Daten und Fakten verarbeiten als je zuvor, und das belastet unseren Geist und unsere Gesundheit. Wir können gegensteuern, indem wir

»Unser Gehirn braucht Pausen, um den Tag verarbeiten zu können.«

eine volle Stunde Mittagspause machen (idealerweise außerhalb des Büros), über den Tag verteilt regelmäßig Pausen einlegen, mal die Finger von elektronischen Geräten lassen, den vollen Jahresurlaub nehmen, unserer Freizeit Priorität einräumen, ausreichend schlafen und unsere Smartphones stumm schalten. All das hilft uns, mal ein wenig runterzukommen.

Alles wird uns zu viel

Wenn das Lärmen der Welt uns zu überwältigen droht, uns alles über den Kopf wächst, uns rechts und links die Bälle herunterfallen, wir davon träumen, den ganzen Krempel hinzuwerfen und auszusteigen, dann ist der Punkt erreicht, an dem wir umdenken und uns die eigenen Prioritäten neu bewusst machen sollten. Dann gilt es, uns auszuruhen, um Hilfe zu bitten, Nein zu sagen, zu delegieren und innezuhalten. Das Gefühl, dass uns alles zu viel wird, ist ein klassisches Anzeichen dafür, dass wir unter erheblichem Stress stehen, unser Leben aus der Balance geraten ist und Anpassungen erforderlich sind.

Wir sind dünnhäutig

Jeder kennt sie: diese Augenblicke, in denen einem wirklich alles und jeder auf die Nerven geht. Wir blaffen andere an, lassen uns von jeder Kleinigkeit ärgern, verlieren unseren Sinn für Humor und glauben, alles hätte sich gegen uns verschworen. Wir wappnen uns mit einem Panzer, an dem alles abprallen soll, was auf uns einprasselt – aber das macht uns auch unempfänglich für den Trost anderer. Wir werden zu einer einsamen Insel. Extrem dünnhäutig geworden, streiten wir uns ständig mit anderen, was uns den Tag noch weiter verdirbt. Uns ist peinlich bewusst, dass wir uns danebenbenehmen. Es fällt schwer, vor lauter Bäumen den Wald zu sehen, wenn sich die Probleme vor einem nur so auftürmen, die Schwierigkeiten nie aufzuhören scheinen und man am Ende seiner Kräfte ist. Kein Mensch ist eine Insel, und gelegentlich braucht jeder Pausen, Hilfe und Aufmunterung. Erlauben wir den uns nahestehenden Menschen, uns zu helfen. Und vergessen wir nie: Wir können und werden auch das hier überstehen.

Schmerzen, Knoten und Beulen

Vielleicht ignorieren wir selbst noch die lautesten Alarmglocken. Es ist *nicht* normal, dass etwas schmerzt – außer, man hat im Fitnesscenter geschuftet, ist einen Halbmarathon gelaufen oder ist auf den Ben Nevis, den höchsten Berg Schottlands, gestiegen. Und selbst dann halten sich die Schmerzen in Grenzen. Knoten und Beulen an vorher unauffälligen Stellen sind nicht normal, sondern körperliche Alarmsignale in Nebelhorn-Lautstärke. Gehen Sie zum Arzt! Sofort! Am besten gestern!

Gestrichene Pläne

Hier geht es nicht um Termine, die wir aus gutem Grund absagen, weil wir eigentlich keine Lust dazu hatten und zu denen wir uns nur haben breitschlagen lassen. Hier geht es um Termine, bei denen wir unseren Spaß hätten, sowie um Arzttermine, die wir seit Ewigkeiten vor uns herschieben, weil wir fürchten, was dabei herauskommen könnte. Gestrichene Pläne sind Alarmsignale, weil sie zeigen, dass wir unsere Bedürfnisse hintanstellen und lieber nach der Pfeife der anderen tanzen. Es ist wichtig, sich Zeit für sich zu nehmen, und das zahlt sich aus. Dazu hilft es, eine Liste mit »nicht verhandelbaren« Bedürfnissen aufzustellen – jenen Dingen, die für unsere Selbstfürsorge allergrößte Bedeutung haben – und das eigene Umfeld zu bitten, mit darauf zu achten, dass wir zu unserem Wort stehen und diesen Bedürfnissen nachgehen.

Einsamkeit

Nach der Bedürfnispyramide von Abraham Maslow ist Zugehörigkeit eines der fünf Grundbedürfnisse des Menschen. Wir brauchen enge Beziehungen und das Gefühl, dazuzugehören und akzeptiert zu sein. So sind wir nun einmal verdrahtet. Fehlt es uns an Liebe und Zuwendung, drohen wir, in Einsamkeit zu versinken.

Was für eine Ironie: Heute – mit all unseren Möglichkeiten, über soziale Netzwerke mit anderen zu kommunizieren – sind wir einsamer als je zuvor. Wir haben Tausende von »Freunden«, doch oft sind die Kontakte nur oberflächlich und erfüllen unsere Grundbedürfnisse nicht. Einsamkeit verursacht uns ebensolchen Schmerz wie körperliche Wunden, und das hat erhebliche Auswirkungen auf unsere Gesundheit: Einsamkeit löst im Körper eine Stressreaktion aus, schwächt das Immunsystem, beeinträchtigt die Blutversorgung der Organe, erhöht unser Krankheitsrisiko und steigert den Blutdruck.

Damit Beziehungen gedeihen können, müssen wir uns Zeit nehmen und sie pflegen. Sollten wir uns einsam fühlen, müssen wir uns halt wieder ausführlicher um unsere Beziehungen kümmern. Sonst gefährden wir unsere Gesundheit.

Irrationales Verhalten

Kluges Handeln und bewusste Entscheidungen erfordern Konzentration, Fokus und Energie. Wenn wir das Gefühl haben, alles wachse uns über den Kopf, dann haben Selbstdisziplin und Selbstkontrolle alle verfügbaren Energiereserven aufgezehrt.

Wir alle geben gelegentlich einer impulsiven Reaktion nach, gehen übergroße Risiken ein, verhalten uns ganz untypisch oder tun Dinge, die unsere Mitmenschen ebenso wenig nachvollziehen können wie wir selbst. Das ist normalerweise ein Zeichen für Erschöpfung. Unser Tank ist leer. Höchste Zeit, auf die Bremse zu steigen und sich eine Atempause zu gönnen.

Ich will Folgendes tun, sein, haben und fühlen:

○

○

○

○

○

○

○

○

○

○

○

○

Schreiben Sie eine Playlist mit Songs,
die Sie inspirieren, aufmuntern
und zum Lächeln bringen.

1

2

3

4

5

6

7

8

9

10

Schreiben Sie hier Ihr Lieblings-Motto
oder -Mantra hinein:

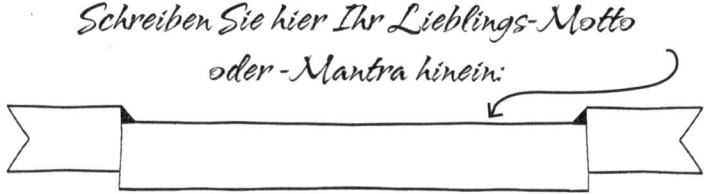

Und hier die Dinge, die Sie beruhigen,
trösten und aufbauen:

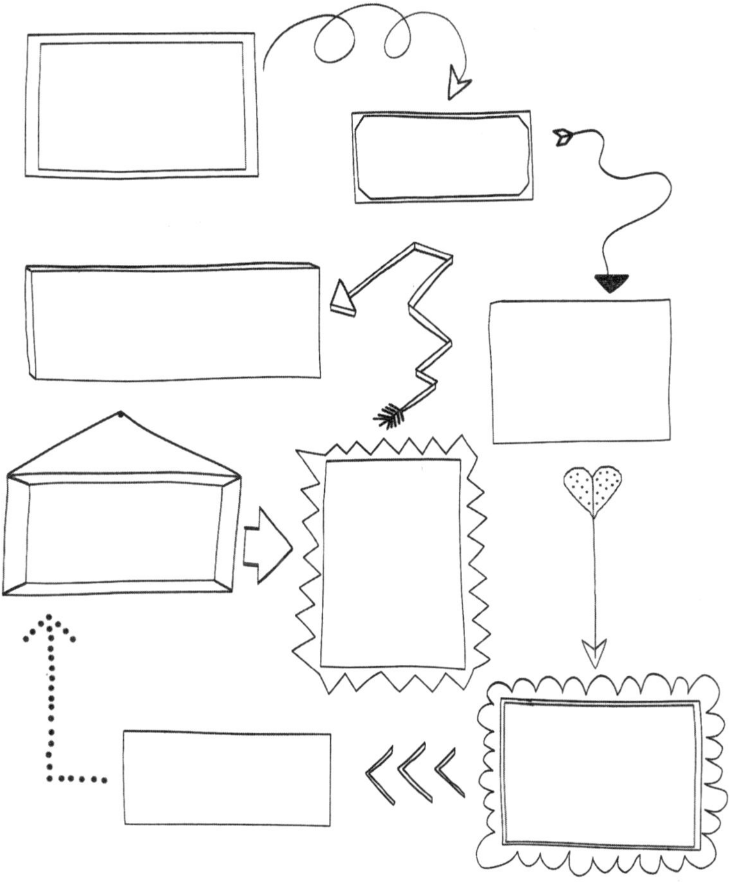

4. Kapitel: Stolpersteine

»Wohin wir uns auch wenden: Überall liegen Hindernisse auf unserem Weg zur Selbstfürsorge. Das Leben ist ein einziger Extrem-Hürdenlauf in Echtzeit.«

Das Wissen um die Bedeutung von Selbstfürsorge allein reicht nicht, man braucht auch das Gefühl, es schaffen zu können. Das Leben fühlt sich oft genug an wie ein Rennen in dem Videospiel Mario Kart, bei dem ständig neue Hindernisse auftauchen. Daran, wie wir diese Hindernisse wahrnehmen, entscheidet sich, ob uns die Veränderungen gelingen, die wir als erstrebenswert identifiziert haben.

Wir können die Hindernisse als Straßensperren betrachten, an denen kein Vorbeikommen ist. Dann sind nicht wir schuld, wenn wir stecken bleiben. Oder wir sehen darin Herausforderungen und suchen tief in uns nach Möglichkeiten, um sie zu überwinden. Wir vertrauen darauf, dass sich jede Hürde meistern lässt. Es kommt allein auf unsere Einstellung an. Einstellungen sind etwas unheimlich Mächtiges. Sie bestimmen, wie wir uns und unsere Umwelt wahrnehmen, sie prägen unser Verhalten und unsere Haltung.

Der angesehenen Psychologie-Professorin Carol Dweck zufolge gibt es zwei Mentalitäten: die Wachstums-Mentalität und die statische Mentalität. Eine statische Mentalität zwingt Menschen in ein starres Gedankenkorsett. Diese Menschen glauben, sie könnten etwas beziehungsweise könnten es nicht, und bleiben unverrückbar bei dieser Ansicht.

»Unsere Fehler sind unsere Lehrstunden, wir analysieren Fehler und lernen daraus.« Sie schämen sich möglicherweise für Fehler, fürchten sich vor Misserfolgen, zögern vor Hindernissen und halten alle Fähigkeiten für angeboren. Diese Menschen gehen brutal mit sich ins Gericht und hadern gern mit ihren (so empfundenen) Mängeln. Sie fühlen sich machtlos, der Umwelt schutzlos ausgeliefert und oft »gefangen«.

Umgekehrt haben wir eine Wachstums-Mentalität, wenn wir uns für ein »Work in progress« halten und gern dazulernen. Unsere Fehler sind unsere Lehrstunden, wir analysieren Fehler und lernen daraus. Wir sind uns unserer Stärken und Schwächen bewusst, lassen uns von ihnen aber nicht einschränken. Denn wir wissen, dass wir Stärken ausbauen und an Schwächen arbeiten können. Wir geben uns große Mühe, die Person zu werden, die wir sein wollen, und unsere Ziele zu erreichen. Wir sind widerstandsfähig, hartnäckig und fürchten uns nicht vor Herausforderungen – wir betrachten sie als Bestandteil des Lebens und als Gelegenheit, dazuzulernen.

Die gute Nachricht: Man kann seine Mentalität ändern – wenn man sich Mühe gibt.

Unsere Mentalität bestimmt, wie wir zu der ganzen Sache mit der Selbstfürsorge stehen. Ein Mensch mit Wachstums-Mentalität freut sich vielleicht sogar auf die Chance, etwas Neues zu lernen, macht sich mit großem Schwung daran, an den Stellschräubchen seines Lebens zu drehen, um mehr Zeit für Selbstfürsorge zu finden, und zögert keine Sekunde, Gewohnheiten abzulegen, die ihm im Weg stehen. Ein Mensch mit statischer

Mentalität tut Selbstfürsorge wahrscheinlich als etwas ab, zu dem ihm schlicht die Zeit und das Talent fehlen.

Es ist einfach, das hier zu lesen und abfällig über diese Menschen zu urteilen. Klar, die Wachstums-Mentalität erscheint erstrebenswerter, sie verheißt Spaß, Selbstbestimmtheit und Freiheit. Sie wirkt geradezu sexy. Und doch leben viele von uns nicht mit dieser Einstellung.

»Wir geben unser Bestes mit all dem, was wir wissen.«

Wir haben eine statische Mentalität, genau deswegen stehen wir völlig auf dem Schlauch. Wir wissen nicht, was wir tun sollen und wie wir es tun sollen. Unsere Selbstgewissheit hat sich in Rauch aufgelöst, wir fühlen uns vor Erschöpfung völlig platt. Sich in dieser Situation auf Experimente mit ungewissem Ausgang einzulassen, fühlt sich zu gewagt an.

Erschöpft fühlen wir uns hauptsächlich wegen des emotionalen Gepäcks, das wir mit uns herumschleppen. Es belastet uns und verzerrt unsere Wahrnehmung. Niemand kommt mit emotionalem Gepäck zur Welt. Natürlich werden manche von uns in Umstände hineingeboren, die ihrer emotionalen Intelligenz nicht gerade förderlich sind, doch Neugeborenen fehlt schlicht noch die Fähigkeit, bewusste Erinnerungen zu formen.

Das Leben geschieht einfach.

Es gibt weder Drehbuch noch Handbuch, das einem den Weg weisen würde. Wie alle anderen wagen wir uns ins Unbekannte hinaus. In einem Prozess aus Versuch und Irrtum stolpern wir voran und schreiben unsere Geschichte. Sie ist reich an Erfahrungen, die uns prägen – guten, schlechten und richtig üblen. Wir geben unser Bestes mit all dem, was wir wissen – beeinflusst durch unsere Erziehung, unsere Lehrer und Freunde. Herauskommt ein Mischmasch, ein Flickenteppich, der zugegebenermaßen mitunter wahllos zusammengesetzt wirkt.

Schön wäre es, wenn jeder im Leben die nötige emotionale Unterstützung fände, um schmerzliche Erfahrungen zu überstehen: traumatische Momente, schädliche Interaktionen, Fehlentscheidungen, Missverständnisse mit nahen Menschen, Zurückweisung und gebrochene Herzen. Aber leider fehlt es manchmal an der notwendigen Hilfe. Wenn wir keine emotionale Unterstützung erhalten oder nicht lernen, mit unserem emotionalen Werkzeugkasten umzugehen, tun wir uns schwer damit, schmerzliche Erfahrungen zu verarbeiten. Diese unbewältigten Erlebnisse und Traumata prägen uns und beeinflussen unser Verhalten.

Unser emotionales Gepäck ist die Summe all dieser negativen Erfahrungen. Und es wiegt schwer, so viel steht fest. Jeder von uns trägt seelische Altlasten mit sich herum, die Überbleibsel vergangener Erlebnisse. Das Problem mit diesem Gepäck – egal, ob es sich um eine leichte Umhängetasche oder einen riesigen Koffer handelt – besteht darin, dass es sich auf unser ganzes Leben auswirkt: auf unsere Beziehungen zu anderen, unsere Beziehung zu uns selbst, unser Selbstbild, unser Menschenbild, unsere Gedanken, Entscheidungen und Handlungen.

Alles, was wir zu lange mit uns herumschleppen, schlägt sich irgendwann auf unsere körperliche und seelische Gesundheit nieder. Im Lauf der Zeit wird das Gepäck immer schwerer, es zieht unser Selbstwertgefühl herunter, ebenso unser Selbstbewusstsein, unser Vertrauen in andere Menschen und unsere Bindungsfähigkeit. Wir sabotieren uns selbst und vermeiden den Kontakt mit anderen Menschen, wir fühlen uns unbehaglich, empfinden uns als Hochstapler, sind erschöpft, fürchten uns, schämen uns, ärgern uns über andere, reden schlecht über uns selbst oder beneiden andere.

Emotionales Gepäck vermittelt einem buchstäblich das Gefühl, die ganze Welt auf seinen Schultern tragen zu müssen. Der Prozess, sich diesen Altlasten zu stellen, ist langwierig, schwierig und mitunter geradezu erschreckend. Man fühlt sich, als würde man eine »Büchse der Pandora« öffnen und mit den hässlichen Monstern ringen müssen, die daraus entfliehen. Doch wir können üble Erfahrungen nur verarbeiten, indem wir sie an der Wurzel packen und schließlich abhaken und loslassen.

Unser emotionales Gepäck ist nicht das einzige, was uns zurückhält, nicht der einzige Dorn in unserem Fleisch. Gelegentlich sabotieren wir uns auch selbst: In bestimmten Situationen tun wir Dinge, die unseren eigenen Interessen zuwiderlaufen, obwohl wir gerade so gut tun könnten, was uns nützt. Manchmal machen wir uns selbst das Leben schwer, wir stehen uns selbst im Weg.

Darüber hinaus werfen uns mitunter auch andere Menschen Knüppel zwischen die Beine. Wohin wir uns auch wenden: Überall liegen Hindernisse auf unserem Weg zur Selbstfürsorge. Das Leben ist ein einziger Extrem-Hürdenlauf in Echtzeit. Doch mit der richtigen Einstellung lässt er sich bewältigen. Wir müssen nur wissen, worauf wir gefasst sein müssen.

Schuldgefühle

Schuldgefühle legen sich wie Schichten auf unser Gemüt, eine über der anderen, und ganz obendrauf kommt noch ein Klacks Schuldgefühle, bis wir uns wie lebendig begraben fühlen.

Schuldgefühle sind das größte Hindernis in Sachen Selbstfürsorge, denn sie machen es uns schier unmöglich, unsere Bedürfnisse an erste Stelle zu setzen. Alles Mögliche kann Schuldgefühle in uns hervorrufen: was wir tun, was wir nicht tun, wer wir sind, wer wir nicht sind. Wir fühlen uns sogar dafür schuldig, dass wir Schuldgefühle haben. Schuldgefühle wuchern überall. Es ist die Hölle.

In der Regel rühren die Schuldgefühle daher, dass wir nach dem »Gesetz des ›sollte‹« leben. Dieses Gesetz wird uns von der Gesellschaft diktiert, genaugenommen von allen anderen außer von uns selbst, und es schreibt uns in einer endlosen Abfolge von Paragrafen vor, wie wir leben »sollten«, wie wir unsere Kinder erziehen »sollten«, wie reinlich es bei uns daheim sein »sollte«, wie viel Sport wir treiben »sollten«, welche Nahrungsmittel wir essen »sollten«, welche Abschlüsse wir anstreben »sollten«, wo wir wohnen »sollten«, wie viel wir arbeiten »sollten«, wie wir aussehen »sollten« und wie wir uns fühlen »sollten«.

> **»Selbstfürsorge bietet uns die Gelegenheit, wieder aufzutanken, damit wir unserer Umwelt wieder mehr geben können.«**

Das »Gesetz des ›sollte‹« verlangt von uns, perfekt zu sein – dabei wissen wir alle, dass es Perfektion nicht gibt. Woraus folgt: Wer sich diesem Gesetz unterwirft, jagt seinem eigenen Schwanz hinterher, er befolgt einen lächerlichen Katalog von Regeln, die andere aufgestellt haben. Das führt unweigerlich zu gnadenloser Selbstkritik und zu Schuldgefühlen. Wir opfern unser Recht, für uns selbst zu entscheiden, und handeln uns einen Riesenhaufen Schuldgefühle ein.

Wir können es nicht allen recht machen. Das geht einfach nicht. Und erst recht nicht, wenn wir uns keine Zeit für Selbstfürsorge gönnen. Selbstfürsorge ist kein Laster, kein unerlaubter Luxus, kein Ausdruck von Egoismus. Nur unsere Schuldgefühle flüstern uns ein, wir handelten falsch, wenn wir unseren eigenen Bedürfnissen Vorrang einräumen. Dabei bietet uns Selbstfürsorge die Gelegenheit, wieder aufzutanken, damit wir unserer Umwelt wieder mehr geben können. Wir gehen mit gutem Beispiel voran und ermutigen so unser Umfeld, es uns gleichzutun. Es ist nichts Heldenhaftes daran, sich durchs Leben zu schleppen, derart kaputt, dass man niemandem mehr etwas zu geben hat. Nein, dieser Zustand ist grässlich, und niemand möchte so enden.

Die Unfähigkeit, um Hilfe zu bitten

Als Babys zögern wir nicht lange damit, um Hilfe zu bitten. Wir brüllen einfach so lange, bis jemand kommt. Dieser primitive, instinktive, eingebaute Mechanismus lässt uns überleben. Doch später im Leben verschwimmt die klare Grenze zwischen Schwarz und Weiß. Wir wandern auf einem schmalen Grat zwischen Unabhängigkeitsbestreben und Hilfsbedürfnis. Wir verurteilen uns dafür, Hilfe zu brauchen und betrachten unsere Bedürftigkeit als Schwäche oder als Charaktermangel.

Wir möchten anderen nicht zur Last fallen, fürchten, die anderen könnten uns die Hilfe verweigern, weil wir ihnen gleichgültig sind, oder glauben, keine Hilfe zu verdienen. Bietet uns jemand von sich aus seine Hilfe an, zweifeln wir an der Aufrichtigkeit des Angebots und halten es für eine reine Höflichkeitsgeste.

Aber wir Menschen sind einfach nicht zum Einzelkämpfertum bestimmt. Teamarbeit liegt uns, und wir gedeihen nur in einem Geflecht echter, tiefgehender Beziehungen. Die schnellste Methode, anderen Menschen näherzukommen, besteht darin, sie

»Um Hilfe zu bitten ist kein Grund, sich zu schämen.«

an unserem *gesamten* Seelenleben teilhaben zu lassen, ihnen nicht nur unsere Schokoladenseite zu zeigen, sondern auch unsere Schwächen. Schlucken wir unseren Stolz hinunter, zeigen wir ruhig unsere Verletzlichkeit und unsere Demut.

Das Paradoxe an der Sache: Wir selbst helfen anderen doch gern! Allein der Gedanke, ein Freund könnte allein leiden, weil er unfähig ist, um Hilfe zu bitten, lässt uns erschauern.

Wir legen zweierlei Maß an, je nachdem, ob wir Hilfe brauchen oder anbieten. Dabei benötigt jeder gelegentlich ein wenig Unterstützung. Das gehört zum Leben dazu. Wir alle haben nur begrenztes Wissen, wir alle erleben dunkle Stunden. Jeder hat gelegentlich Rat oder Trost nötig. Wenn uns jemand um Hilfe bittet, schenkt uns das die Gelegenheit, das Leben eines anderen besser zu machen, jemandem mit unserer Erfahrung beizustehen und ihm unsere Zuneigung zu zeigen. Danach fühlen wir uns besser – Hilfe nützt also nicht nur dem Bedürftigen, sondern auch dem Helfer.

Manchmal müssen wir Verstärkung rufen und professionellen Beistand suchen. Profis begleiten und führen uns auf unserer Reise durch schmerzhafte Erinnerungen, Gedanken und Gefühle. Genau dafür sind diese Dienste da.

Um Hilfe zu bitten ist kein Grund, sich zu schämen. Tun wir es lieber zu früh als zu spät, bevor uns ein Problem über den Kopf wächst. Wir würden anderen doch auch helfen, wenn wir darum gebeten würden. Also sollten wir umgekehrt nicht zögern, uns Hilfe zu holen.

Die Unfähigkeit, sich selbst zu helfen

Wir gehen netter und respektvoller mit unseren Mitmenschen um als mit uns selbst. Viel netter und respektvoller. Andere würden es uns nie durchgehen lassen, wenn wir sie so schlecht und schäbig behandeln würden wie uns selbst.

Im Kopf jedes Menschen läuft ein unablässiger Kommentar. Die Stimme ist oft bissig und herrisch, und das macht viel kaputt. Denn der Tonfall schlägt sich auf unser Selbstbewusstsein nieder. Wenn wir uns ständig runterputzen, uns gnadenlos verurteilen und uns kleinmachen, trauen wir uns bald gar nichts mehr zu. Andere heben wir auf ein Podest und glauben, nicht an sie heranreichen zu können. Uns selbst betrachten wir durch eine beschlagene, grau getönte Brille, andere hingegen durch eine glitzernde, rosa getönte Brille. Die besten Vorsätze, sich um sich selbst zu kümmern, scheitern zwangsläufig, wenn wir andere Menschen als besser und würdiger betrachten und ihren Bedürfnissen und Wünschen deshalb mehr Bedeutung beimessen. Unsere eigenen, hart erarbeiteten Erfolge tun wir als Zufälle ab. Immer mehr beschleicht uns das Gefühl, voller Fehler zu stecken und einfach nicht gut genug zu sein. Und bevor wir uns versehen, sind wir zu unseren schlimmsten Feinden geworden.

Es besteht ein himmelweiter Unterschied, ob man sich Fehler eingesteht, aus ihnen lernt und es das nächste Mal anders macht oder ob man sich endlos wegen seiner Dummheit geißelt. Selbstkritik ist – in Maßen genossen – eine gute Sache. Sie kann verhindern, dass wir Fehler wiederholen. Doch wenn man sich etwas immer wieder vorsagt, glaubt man es irgendwann auch. Unablässige, ätzende Selbstkritik richtet nur seelische Verwüstung an. In einer derart unwirtlichen, lebensfeindlichen Umgebung kann nichts gedeihen.

Entscheidungsmüdigkeit

Die Welt steckt voller Möglichkeiten, es gibt unendlich viele Optionen, und man muss sich gut überlegen, welche man davon wählt. Selbst die trivialsten Entscheidungen erfordern Gehirnschmalz. Wen wundert es da, dass wir angesichts so vieler zu treffender Entscheidungen irgendwann müde im Kopf werden? Und an jeder Entscheidung hängt ein Rattenschwanz weiterer Entscheidungen.

Entscheidungsmüdigkeit bilden wir uns nicht ein – das Phänomen ist wissenschaftlich belegt. Irgendwann lässt unsere Urteilsfähigkeit nach, wenn wir zu viele Entscheidungen treffen müssen. Wir gelangen schlicht an die Grenzen unserer kognitiven Fähigkeiten, unser geistiger Tank ist leer. In diesem Zustand entscheiden wir überhastet – oder gar nicht mehr.

Wir neigen eher dazu, Entscheidungen vor uns herzuschieben, wenn wir die ewige Grübelei und die immer gleichen Gedankenschleifen im Kopf satt haben, wenn wir Verantwortung scheuen, uns vor den Konsequenzen fürchten oder Angst haben, Fehler zu begehen. Kurz: Wir schieben gerade die wichtigen Entscheidungen vor uns her, Entscheidungen mit weitreichenden Konsequenzen sowie Entscheidungen, die uns beunruhigen. Am liebsten wäre uns vielleicht, wenn uns die Entscheidung abgenommen würde. Wir sind entscheidungsmüde.

Doch manche Entscheidungen können weder warten noch von anderen getroffen werden. Wir müssen uns zwangsläufig mit ihnen beschäftigen, und zwar möglichst bald – auch wenn es schwerfällt, auch wenn genau jetzt unser Selbstbewusstsein am Boden liegt. Stellen wir uns vor, unser Verstand wäre ein Auto. Je länger der Motor läuft, je mehr Leistung wir ihm abverlangen, desto weiter leert sich der Tank. Vergessen wir das Tanken, bleibt das Auto irgendwann mal liegen, und der Motor leidet vermutlich auch. Genauso verhält es sich mit unserem Verstand: Wenn wir alle Ressourcen verbraten haben und trotzdem weiter Vollgas geben, bleiben wir irgendwann liegen.

Wichtige Entscheidungen lassen sich nicht vermeiden, aber wir können uns vorher eine Erholungspause gönnen, um unseren geistigen Tank wieder aufzufüllen.

Mangelnde Selbstbewusstheit

Bei vielem, was wir tun, schalten wir entweder auf Autopilot oder lassen uns von anderen beeinflussen. Wir achten oft nicht darauf, wie sich Beziehungen, Grenzen, Entscheidungen oder äußere Umstände auf uns auswirken. Ob sie uns wirklich nützen, interessiert uns gar nicht. Dabei verdienen wir alle ein erfülltes, glückliches und gesundes Leben.

Selbstfürsorge und Selbstbewusstheit hängen eng zusammen. Selbstbewusstheit erfordert Selbsterkenntnis, eine unterschätzte Superkraft. Unser wahres Wesen zu erkennen, lässt uns die Dinge klarer sehen. Wir verschwenden weniger Zeit auf Nebensächliches und setzen klare Prioritäten. Wir genießen einen tollen Ausblick auf unsere Welt und alles, was darin ist. Wir entdecken bislang ungeahnte Charakterzüge und unbewusste Verhaltensmuster. Wenn wir uns ein umfassendes Bild davon gemacht haben, wer wir sind, was für uns wichtig ist, wo unsere Stärken und Schwächen liegen, was uns gefällt und was uns nervt, geht uns allmählich auf, wie wir ticken.

Selbstbewusstheit erlaubt es uns auch, unsere Einstellungen zu ändern, weil wir lernen, wie unsere Gedanken unsere Handlungen steuern. Selbstbewusstheit heißt, das »Warum« hinter den eigenen Gedanken und Handlungen zu verstehen. Außerdem ist sie ein wichtiger Bestandteil unserer emotionalen Intelligenz, weil sie uns ein Mittel an die Hand gibt, um unser Selbstbewusstsein zu stärken, und uns jederzeit die Gelegenheit eröffnet, in uns hineinzuhorchen.

Der Zwang, es allen recht zu machen

Es gibt nichts, was uns derart fertigmacht, wie der Versuch, allen gefallen zu wollen. Oberflächlich betrachtet, verhalten wir uns nett, indem wir auf die Gefühle und Bedürfnisse anderer eingehen. Selbstlos, gütig und bereitwillig tun wir alles, um andere glücklich zu machen. Wir genießen das Gefühl, gebraucht zu werden, etwas zu bewirken, und so stellen wir die Bedürfnisse aller anderen über unsere eignen, bis wir völlig platt sind. Die Menschen, die sich an unseren Diensteifer gewöhnt haben, fordern ihn weiter ein. Ihnen passt unsere Hilfsbereitschaft natürlich bestens in den Kram, wir erleichtern ihnen das Leben ungemein. Wir geben, geben, geben, bis nichts mehr übrig ist. Wir tanzen nur noch nach der Pfeife von anderen, lassen auf unseren Grenzen herumtrampeln, verlieren jedes Selbstbewusstsein und sind irgendwann nur noch gestresst und ausgelaugt.

»Unser Wert bemisst sich nicht daran, wie nützlich wir anderen sind.«

Dabei ist der wahre Grund, warum wir es allen recht machen wollen, dass wir uns in unserer eigenen Haut nicht wohlfühlen. Wir verzehren uns nach der Anerkennung anderer Menschen und machen unser Glück vom Glück anderer abhängig. Ohne Bestätigung von außen halten wir uns für wertlos, und deswegen stellen wir unsere eigenen Bedürfnisse ganz hinten an. Immer. Und das macht uns unweigerlich verbittert.

Unser Wert bemisst sich nicht daran, wie nützlich wir anderen sind. Oh nein, zu unserem Wert gehört sehr viel mehr. Und starke Beziehungen beruhen auf einem solideren Fundament als dem schnöden Nutzen, den jemand anders aus uns zieht. Natürlich dürfen wir uns anderen gegenüber gütig zeigen. Wir müssen dieses Geschenk aber freiwillig machen – ohne Verpflichtungen und ohne Bedingungen. Das macht wahre Güte aus. Wer nur zu allem Ja sagt, weil er andere glücklich machen will oder ihren Zorn, ihre Enttäuschung oder ihre Zurückweisung fürchtet, möchte lediglich den Status quo bewahren. Ständig unfreiwillig Ja zu sagen, führt zu Verbitterung, Überlastung, Schuldgefühlen und Druck. Und wer leidet darunter? Na klar, wir Jasager.

Immer noch eins drauf

Unsere modernen Zeiten sind hektisch und laut. Es gibt so viel, an das wir denken müssen. So viel Lärm. Es fällt schwer, ihn auszublenden und das Gefühl zu bewahren, wir hätten alles unter Kontrolle. Wir sind rund um die Uhr mit der Welt vernetzt, was aber auch bedeutet, dass wir jederzeit erreichbar sind, egal, wo wir uns befinden. Das kann schon beängstigen. Wir haben uns mehr aufgeladen, als wir schultern können, und stehlen uns die Zeit dafür bei den Dingen, die uns Spaß machen. Wir schlafen nur so viel, wie unbedingt nötig. Wir gehen an unser Limit und haben lächerlicherweise immer noch das Gefühl, wir täten nicht genug oder hätten doch noch Zeit.

Wenn wir uns zu viel aufgebürdet haben, kommen wir uns wie Marionetten vor. Es gruselt uns schon, überhaupt unseren Terminplan anzusehen. Wie sollen wir uns noch Zeit für Schönes freihalten, wenn jeder Tag jeder Woche jedes Monats jedes Jahres schon bis zum Anschlag voll ist? Aus schierer Zeitnot steigen wir auf Multitasking um – was bedeutet, dass wir uns auf nichts mehr richtig konzentrieren. Wir sind gestresst und hundemüde, und unsere Glieder fühlen sich bleischwer an.

Wir laden uns zu viel auf, wenn wir versuchen, ein 36-Stunden-Programm in die 24 Stunden eines Tages zu quetschen, Tag für Tag. Dann verkommt unser Leben zu einem Pandämonium, einem Ort des Grauens. Wir drohen jeden Moment unter der Last unserer Verantwortung zusammenzubrechen und all die Bälle, die wir jonglieren, zu Boden purzeln zu lassen. Gleichzeitig streben wir in allen Lebensbereichen nach Perfektion – manchmal aus dem Gefühl heraus, wir müssten uns oder anderen etwas beweisen. Darüber hinaus tun wir uns schwer damit, Nein zu sagen oder zu delegieren – denn an wen sollten wir schon delegieren? Das Netzwerk zu unserer Unterstützung ist ziemlich löchrig.

Kindererziehung

Kinder großzuziehen, ist eine zwiespältige Erfahrung: Es macht großen Spaß, und es langweilt unsäglich, es ist erfüllend und anstrengend, es bereitet Freude und Schmerzen. Wir müssen unheimlich schnell dazulernen, ständig improvisieren und uns irgendwie durchwursteln.

Vor der Geburt des ersten Kindes hatten wir wahrscheinlich ein Idealbild vor Augen, wie wir als Eltern sein wollten. Doch diese idyllischen Vorstellungen platzen wie Seifenblasen, sobald wir ins kalte Wasser hineingeworfen werden. Nichts in der Welt bereitet einen auf das Elterndasein vor, und von einem Tag auf den anderen trägt man plötzlich die wahrscheinlich größte Verantwortung, die man haben kann. Jetzt müssen wir lernen – jede Menge und sofort.

Die Herausforderungen sind vielfältig und prasseln oft von allen Seiten auf uns ein: Wir bekommen zu wenig Schlaf, müssen endlos mit unseren Kindern verhandeln, unsere Geduld wird aufs Äußerste strapaziert, wir müssen gewiefte Diplomaten werden, den Stress ertragen, den Haushalt erledigen, ständig aufpassen … Ach, du meine Güte, die Liste hört gar nicht mehr auf.

Oft genug haben wir richtig zu kämpfen, auch wenn wir gern Eltern sind und unsere Kinder über alles lieben. Dieses Gefühl, sich immer nur »durchzuwursteln«, verbindet alle Eltern dieser Welt. Trotzdem verschweigen wir unsere Schwierigkeiten oft, weil wir fürchten, kritisiert, verurteilt oder gar verachtet zu werden. Das gilt übrigens auch für andere Lebensbereiche: Wir reden ganz allgemein nicht gern über die Schwierigkeiten, mit denen wir im Leben so kämpfen. Dabei kennen wir das alle: Zurückweisung, Schmerzen, Kummer und Zeiten, in denen sich unser Kopf anfühlt wie ein staubiger Schuppen voller Spinnweben. Wie viel weniger allein würden wir uns alle fühlen, wenn wir ganz unverblümt auch über diese Dinge reden würden!

Als Kinder beherrschen wir es noch wie selbstverständlich, für uns selbst zu sorgen. Wir halten mit unseren Bedürfnissen und Wünschen nicht hinterm Berg, wir erzählen ohne uns zu schämen von unseren Triumphen und Tiefpunkten.

Als Eltern können wir viel daraus lernen, wie wir auf die lauten und leisen Signale unserer Kinder reagieren. Wir tun alles, damit die Kleinen genug Schlaf bekommen. Wir sorgen dafür, dass sie mit ihren Energien haushalten, und lenken ihre Aktivitäten in ruhigere Bahnen, wenn wir spüren, dass sie müde werden. Wir achten genau darauf, was sie essen und trinken. Wir planen bewusst Zeit zum Spielen ein. Uns ist klar, dass sie gelassener und glücklicher sind, wenn ihre Bedürfnisse erfüllt werden. Wir schuften uns kaputt, um all ihre Bedürfnisse zu erfüllen.

Doch damit senden wir unseren Kindern eine zwiespältige Botschaft: Einerseits lehren wir sie, auf ihre Bedürfnisse zu achten, und tun alles, um sie zu erfüllen. Andererseits zeigen wir ihnen, dass unsere eigenen Bedürfnisse weniger zählen.

Elternschaft bedeutet nicht das Ende der Selbstfürsorge, ganz im Gegenteil wird Selbstfürsorge sogar noch wichtiger. Ja, wir müssen mit unseren Verpflichtungen gut jonglieren und unsere Zeit klug planen, um alles unter einen Hut zu bekommen. Und es ist schwieriger, ein Gefühl für unsere eigene Identität zu bewahren, wenn man uns ständig »Mama« oder »Papa« nennt. Doch wenn wir uns rückhaltlos für unsere Kinder aufopfern, bringen wir ihnen nie bei, was Grenzen, Selbstachtung und Respekt vor den Bedürfnissen anderer bedeuten. Wir wollen doch nicht, dass unsere Kinder später unserem Beispiel folgen und sich als Eltern wiederum für ihre Kinder aufopfern. Als Eltern geben wir zuhause den Ton an. Unsere Kinder lernen aus dem, was wir sagen, vor allem aber aus dem, was wir tun.

Nehmen Sie sich etwas Zeit,
um all die negativen Dinge aufzuschreiben,
die Ihnen erzählt wurden:

Und jetzt streichen Sie sie alle durch –
das ist NICHT Ihre Wahrheit.
Ehrenwort.

Welches Gepäck schleppen Sie mit sich herum?

Was oder wer kommt Ihnen immer
wieder in die Quere?

5. Kapitel: Sich selbst entdecken

»In uns ist nichts kaputt – wir müssen nur unsere Ketten sprengen.«

Die Beziehung zu uns selbst ist die allerwichtigste überhaupt. Mit ihr steht und fällt alles. Sie formt die Welt um uns herum, gibt den Ton unserer Beziehungen zu anderen vor und beeinflusst jede unserer Entscheidungen. Sie ist das Fundament für all unsere Beziehungen.

Eine gestörte Beziehung zu sich selbst ist der Türöffner für unerquickliche Dinge verschiedenster Art: unscharfe Grenzen, Verbitterung, Komplikationen, Reibungen, seltsame Entscheidungen, Krankheit oder Gieren nach Anerkennung. Umgekehrt sind diese Dinge möglicherweise ein Hinweis darauf, dass wir uns selbst nicht ehren, respektieren, verstehen oder akzeptieren. Unsere Herangehensweise an diese überlebenswichtige Beziehung ist oft nicht besonders gesund, sie lässt viel zu wünschen übrig. Wir beurteilen uns viel zu streng, ignorieren unsere Bedürfnisse und machen uns klein. Würden wir jemand anders derart fies behandeln, würde er den Kontakt zu uns schnell abbrechen. Und vielleicht ist genau das die unleugbare Wahrheit: In dieser toxischen Umgebung kämpfen *wir* ums Überleben. Das Unbehagen, der Aufruhr in uns, der Streit und der harsche Umgangston sind nicht hilfreich. Kein bisschen.

Sie halten uns klein und lassen uns nach der Anerkennung anderer gieren. Indem wir uns zur Schnecke machen, ersticken wir unser Wachstum. Wir schaffen uns selbst eine gruselige Umgebung. Kein Wunder, dass wir nicht erblühen.

Wir belasten uns mit unseren inneren Mantras wie »nicht gut genug«, »geht nicht« und »sollte«. Wir spielen die gleiche unbarmherzige und zerstörerische Platte wieder und wieder ab, bis wir ihre Unwahrheiten nicht mehr aus dem Kopf bekommen. Sie prägt, wie wir uns sehen und was wir uns zutrauen. Wir akzeptieren uns nicht, wie wir sind, und möchten uns ständig dafür entschuldigen, dass es uns gibt. Wir gehen davon aus, dass wir im Unrecht und alle anderen unfehlbar sind. Andere behandeln wir wie VIPs, uns selbst wie Dreck. Diese Diskrepanz müssen wir auflösen, sonst wird das mit der Selbstfürsorge nie etwas, sonst setzen wir die Bedürfnisse anderer Menschen immer wieder über unsere eigenen. Und wir wissen alle, wohin das führt – in Richtung Krankheit. Genau, und da wollen wir bestimmt nicht hin.

Um unsere Fürsorge zur *Selbst*fürsorge zu machen, müssen wir eine neue Platte auflegen, zu einer neuen Melodie tanzen, auf unseren alten Freund Sokrates hören und uns selbst erkennen – und das Ganze mit einer guten Menge Selbstakzeptanz übergießen. Nur so werden wir es schaffen, endlich die ätzende Selbstkritik abzustellen und unsere Schwächen als das zu sehen, was sie sind: Teil des Gesamtpakets, zu dem auch große Stärken gehören. Niemand kann uns den Glauben an uns selbst schenken – außer wir selbst. Selbstverachtung führt zu gar nichts. Wir sind, was uns bei der Geburt mitgegeben wurde, das muss reichen. Und es reicht auch. Wir alle sind gut genug. So, wie wir sind. Das ist die wahrste Wahrheit überhaupt.

In uns ist nichts kaputt, es gibt nichts zu reparieren. Wir sind vielleicht verwirrt, unsicher, beschädigt, chaotisch oder ängst-

lich, machen uns klein, erholen uns gerade von einem Rück-
schlag, kämpfen, leiden – aber wir sind nicht kaputt.

Es wird nicht einfach, einige wirklich schädliche Angewohnheiten abzulegen und Denkgewohnheiten zu verändern, die
wir uns unterwegs zugelegt haben. Alles braucht seine Zeit.
Schließlich hat es ja auch eine Weile gedauert, den Karren so
tief in den Dreck zu fahren. Und nun dauert es halt ein wenig,
bis wir die Ärmel aufgekrempelt, tief geschürft, das »Warum«
hinter all unseren Taten hinterfragt und verstanden haben, was
uns im Kern ausmacht.

Wenn das Leben die Lektion ist, sind wir die Schule: Wir
bestimmen den Lehrplan, erstellen den Stundenplan und ermöglichen das Lernen. Von der »Schule des Ich« gibt es keinen
Abschluss, wir verlassen sie nie. Wir lernen unser Leben lang
dazu. Lehrer, Schüler, Pausenhof-Tyrannen und Freunde sind
alle ein und dieselbe Person – wir selbst. Wir sind die Haupt-
figuren. Und die Hausaufgaben? Hören nie auf. Nie. Aber
die alte Weisheit stimmt: Wir holen das heraus, was wir bereit sind hineinzustecken. Das Beste
daran? Wir bestimmen die Regeln, **»Wir alle sind gut genug.**
hihihi! **So, wie wir sind. Das ist die**

Wir sind formbare Wesen und **wahrste Wahrheit überhaupt.«**
werden durch unsere Umwelt ge-
prägt: durch Lehrer, Altersgenossen, die Summe unserer Erfahrungen und die Medien. Sogar unser Selbstbild borgen wir
uns von anderen: Wir setzen es aus den (oft unterschiedlichen)
Perspektiven, Einstellungen und Anschauungen zusammen, die
uns andere Menschen und bestimmte Situationen vermittelt
haben.

Viele fremde Ansichten übernehmen wir unreflektiert und
machen sie zu unseren Standards, Idealen und Haltungen. Ganz
automatisch akzeptieren wir die Einstellungen anderer, lassen

uns von ihnen formen und hinterfragen nicht, wo sie herkommen. Möglicherweise haben die Menschen, die uns da beeinflussen, ihre Ansichten auch wieder nur unkritisch von anderen übernommen. Und so dürfen Hinz und Kunz etwas zu unseren Ansichten beitragen – wir übernehmen die Schrullen von Generationen und orientieren uns an fremden Maßstäben von richtig und falsch.

Wir leben also nach den Wertvorstellungen anderer Menschen – wobei sich diese Menschen mit ihren Wertvorstellungen vielleicht auch nicht wohlfühlen. Womöglich tanzen auch sie einfach nur in der »So sollte das Leben sein«-Polonaise mit und wagen gar nicht, übernommene Maßstäbe zu hinterfragen.

Boah!

Kein Wunder, dass uns das Gefühl beschleicht, irgendwie anders zu sein, nicht gut genug zu sein und ständig gegen den Strom schwimmen zu müssen. Wenn wir uns damit schwertun, für unsere Werte einzustehen, dann sind es vielleicht gar nicht unsere Werte. Sollte uns das Gefühl überkommen, zwischen allen Stühlen zu sitzen, dann tun wir wahrscheinlich genau das – wir fühlen uns von archaischen Ansichten und Wertvorstellungen zerrissen, die uns eigentlich gar nicht entsprechen. Wenn Sie sich selbst nicht leiden können, haben Sie sich wahrscheinlich keinen Raum gelassen, Sie selbst zu sein. Denn was Sie nicht leiden können, sind nicht Sie selbst, sondern das, was die Umwelt aus Ihrem Ich gemacht hat.

In uns ist nichts kaputt – wir müssen nur unsere Ketten sprengen.

Wir müssen uns hinstellen und sagen: »Keinen Schritt weiter!« Es liegt allein an uns, die Fesseln abzustreifen, uns von Etiketten zu befreien und unsere Selbstachtung zu verdienen, indem wir uns zukünftig nicht mehr verstellen, um dazuzugehören, nichts mehr tun, was uns widerstrebt, und nicht mehr versuchen, der Herde hinterherzulaufen.

Uns stehen unendlich viele Möglichkeiten offen – ein befreiender und belebender Gedanke, der aber auch beängstigend ist. Beängstigend deshalb, weil er so neu ist und weil wir, wenn wir das Steuer selbst in die Hand nehmen, auch vom Kurs abkommen können. Wir begeben uns auf unbekanntes Terrain, vielleicht machen wir noch mehr Fehler. Doch endlich blicken wir nicht mehr auf die Gefängniswände übernommener Ansichten. Es eröffnen sich Perspektiven, für die wir vorher blind waren. Beschränkungen und Erwartungen wiegen nicht mehr so schwer, am Horizont locken neue Möglichkeiten. Uns so zu akzeptieren, wie wir sind, behindert uns nicht in unserem Wachstum, sondern fördert es ganz im Gegenteil.

»Das Streben nach Selbsterkenntnis ist ein fortwährender Prozess.«

Das Streben nach Selbsterkenntnis ist ein fortwährender Prozess, denn wir wachsen und verändern uns ständig. Gelegentlich müssen wir nach innen blicken, um uns wieder mit unserem sich weiter entwickelnden Selbst zu verbinden. Vielleicht können wir etwas, das wir früher mochten, inzwischen nicht mehr ausstehen. Oder etwas, das uns früher wachsen ließ, hält uns heute zurück.

Behandeln Sie sich netter

Wir machen es uns wirklich schwer.

Zugegeben, wir leben in einer Welt, die unsere Unsicherheiten und Ängste fördert. Wie leicht kommt man sich mickrig vor, angesichts des Zerrbilds der Welt, das uns soziale Netzwerke und Medien liefern. Die stark bearbeiteten Bilder von Perfektion und Erfolg nähren das Gefühl unserer Unzulänglichkeit. Wir halten uns für weniger klug, witzig und interessant, als alle anderen sich darstellen.

Und wir glauben diesen Unsinn.

Was wir dabei vergessen: Für jeden Menschen, dem wir uns unterlegen fühlen, gibt es einen, der sich uns unterlegen fühlt.

Freundlichkeit sich selbst gegenüber ist ein Aufbegehren gegen die »Norm«.

Freundlichkeit sich selbst gegenüber ist ein Aufbegehren gegen die schwelende Angst, nicht gut genug zu sein. Ja, Angst motiviert, aber sie ist nicht immer der beste Antrieb. Wer aus Furcht handelt, konzentriert sich zu stark darauf, was er vermeiden will, was nicht passieren darf und was vielleicht fehlt. Probieren wir es lieber mit einem anderen Ansatz: mit Freundlichkeit.

Es fällt uns nicht immer leicht, nett zu uns selbst zu sein; es widerstrebt uns geradezu, es fühlt sich merkwürdig und unaufrichtig an. Und ja, es bedeutet eine 180-Grad-Wende, sich nicht mehr gemein zu behandeln, sondern freundlich. Dafür bedarf es bewusster Anstrengung, Geduld und Akzeptanz.

Akzeptanz ist der Zauberschlüssel, der uns die Tür zu einem weniger ruppigen Umgang mit uns selbst öffnet. Zu einem Leben, in dem wir mit uns statt gegen uns arbeiten. Wir sind uns unseres Charakters bewusst, unserer Schrullen, Unvollkommenheiten und Stimmungen, wir definieren uns aber nicht mehr über sie. Wir betrachten sie schlicht als Teil des Gesamtpakets. Wir sind facettenreich und komplex. Uns ist klar, dass wir mitunter stolpern und hinfallen werden. Aber dann helfen wir uns freundlich wieder auf die Beine und zeigen uns, was wir aus dem Vorfall lernen können, anstatt auf uns einzutreten, während wir am Boden liegen. Der Ton, in dem wir zu uns selbst sprechen, ändert sich, er wird wärmer, einfühlsamer und verständnisvoller. So mindern wir den Stress, anstatt ihn noch zu verstärken. Freundlichkeit sich selbst gegenüber heißt, sich in Notlagen nicht zu verdammen, sondern zu trösten, sich einen Vertrauensbonus einzuräumen, sich sanft zu kritisieren und überschwänglich zu lieben. Wer das mit der Liebe noch nicht hinbekommt, kann mit Akzeptanz anfangen und anerkennen, dass wir immer unser Bestes geben und gegeben haben. Anerkennen, dass wir anders sind. Anerkennen, dass diese Unterschiede eine wunderbare Sache sind. Anerkennen, dass wir Fehler gemacht haben.

> **»Es fällt uns nicht immer leicht, nett zu uns selbst zu sein; es widerstrebt uns geradezu.«**

Kinder stellen ständig Fragen. Warum dies? Warum das? Warum, warum, warum? Unsere Gehirne saugen neue Dinge auf wie Schwämme, und das Wissen um die Hintergründe – den Mechanismus dahinter – hilft unserem Verständnis, erweitert unseren Horizont und schärft unseren Blick.

Es kann ganz schön anstrengend für uns Erwachsene sein, auch die millionste Frage noch geduldig und mit Googles Hilfe zu beantworten. Leider kommt uns diese kindliche Neugier irgendwann im Leben ein wenig abhanden. Wir fangen an, Dinge als »gegeben« hinzunehmen, auf Autopilot zu schalten und zu reagieren statt zu agieren. Und so kommt es, dass wir bei vielen unserer Handlungen und Gedanken gar nicht mehr wissen, worauf sie beruhen, auf welchem »Warum«. Leicht stellt sich dann ein Gefühl der Hilflosigkeit ein, als liege das meiste von dem, was mit uns geschieht, außerhalb unserer Kontrolle.

Dabei entspringen wissenschaftliche Erkenntnisse, Innovation, Kreativität und technischer Fortschritt alle einem neugierigen Gehirn. Gewöhnen wir uns an, wieder öfter »Warum?« zu fragen. Das wird uns guttun. (Und nein, Neugier ist nicht der Katze Tod.) Fangen wir wieder an, unsere Annahmen zu hinterfragen, die Ansichten der anderen, die Geschichten, die wir uns erzählen, und unsere Vorstellungen davon, wie unsere Welt und die Welt ganz allgemein funktioniert. Fragen sind unsere Freunde: Sie führen zu erhellenden Antworten, eröffnen uns neue Optionen, ermutigen uns, Neues auszuprobieren, zeigen uns, was uns antreibt, bereiten den Boden für unterschiedliche Ansichten, reißen uns aus Stillstand und Selbstgefälligkeit, untergraben unsere Vorurteile, fördern unsere Weiterentwicklung und zwingen uns zu Achtsamkeit.

Angesichts all der Regeln, Beschränkungen, Erwartungen und Annahmen, die wir von unserer Umwelt übernehmen, ist es wichtiger denn je, »Warum?« zu fragen, immer wieder, denn das »Warum« ändert sich möglicherweise im Lauf der Zeit. Diese Fragen eröffnen uns die Chance, unser Handeln immer wieder daran anzupassen, wer wir sind, wer wir sein möchten und was wir tun wollen.

Nutzen Sie Neid als Wegweiser

Wenn wir uns dafür entscheiden, können wir unser Leben nach Belieben in den sozialen Netzwerken ausbreiten. Heutzutage wissen wir mehr über das Tun und Lassen unseres Umfelds als je zuvor. Wir haben Logenplätze für das Stück »falsche Bescheidenheit«, das aber längst nicht so gut ist, wie alle behaupten. Insbesondere nicht für diejenigen von uns, die unter Selbstzweifeln leiden.

Die sozialen Netzwerke sind eine Brutstätte für Neid. In ihnen wimmelt es von Posts, die um Anerkennung feilschen. Und wir vergleichen uns unweigerlich, wenn diese Vergleiche auch vollkommen schief sind. Uns fehlen schlicht die Informationen, die es für einen fairen Vergleich bräuchte. Und so legen wir als Maßstab unseren realen, unaufgehübschten Alltag an und messen ihn mit einem Millisekunden-Highlight aus dem Leben eines anderen. Wir sehen den Erfolg, aber nicht den dornenreichen Weg dorthin: Stress, Überstunden, Bangen oder Hoffen. Wir sehen Gruppenfotos, in denen alle breit in die Kamera grinsen, doch die Konflikte, Verstimmungen, die geheimen Ängste und Sorgen bleiben unsichtbar. Wir sehen putzige Babys, aber die schlaflosen Nächte, die Selbstzweifel, die Angst und die Beklemmungen bleiben uns verborgen. Wir sehen ein Selfie und fühlen uns minderwertig, aber die Unsicherheit des anderen und sein geringer Selbstwert sind darin nicht zu entdecken.

Wir nehmen die geposteten Bilder für bare Münze und fällen anhand dieser Schlaglichter blitzartig ein Urteil. Dabei vergessen wir aber, dass die Kirschen in Nachbars Garten nicht immer süßer sind. Wir lesen nicht zwischen den Zeilen, bedenken nicht, dass unsere Perspektive verzerrt sein könnte, und achten nicht darauf, was *nicht* gesagt wird. Wir erklären den Schnappschuss zu unserer Messlatte, und das kann uns frustrieren. Sie hängt zu hoch für uns, da können wir nicht mithalten. Wieder mal.

Anstatt uns dafür in die Pfanne zu hauen (nicht vergessen: wir üben uns darin, nett zu uns zu sein) und uns für unseren Neid zu schämen, können wir unsere Gefühle erkunden. Lassen wir uns von ihnen den Weg weisen. Ein plötzlicher Anflug von Neid kann uns einen Hinweis dafür liefern, wohin wir selbst wollen, wer wir sein möchten und was wir erreichen wollen. Neid ist ein überaus nützliches Werkzeug in unserem Repertoire: Er hebt unsere Träume und Bedürfnisse hervor, zeigt uns Möglichkeiten und Chancen auf, die wir sonst übersehen hätten, und ruft uns unsere Sehnsüchte ins Gedächtnis. Außerdem kann er uns signalisieren, dass wir vom Kurs abgekommen sind. Vielleicht gibt es ja einen anderen Weg, unseren Träumen und Zielen nachzujagen.

Wir fühlen, was wir fühlen. Kein Gefühl ist falsch oder schlecht. Es kommt allein darauf an, was wir aus den Botschaften machen, die uns unsere Gefühle übermitteln.

Führen Sie ein Tagebuch

Wie viele von uns haben als Teenager Tagebuch geschrieben? Es mit Zeichnungen und Aufklebern verziert? Ihm alle Geheimnisse, Hoffnungen und Ängste anvertraut, die uns auf unserem turbulenten, verwirrenden, erschreckenden, unvorhersehbaren, aber erkenntnisreichen Weg durch die Pubertät bewegten? Es unter der Matratze oder unter den Bodendielen versteckt, weil nichts schlimmer gewesen wäre, als wenn jemand unsere dunkelsten, innersten Geheimnisse entdeckt und der ganzen Welt verraten hätte?

Warum haben wir nur damit aufgehört? Warum vergeben wir uns die Chance, unseren Gefühlen freien Lauf zu lassen, über unser Leben nachzudenken, ganz aufrichtig, uns alles von der Seele zu schreiben, uns selbst auszudrücken, einen winzigen Moment innezuhalten und einfach nur zu sein?

Ein Tagebuch anzufangen, ist nicht nur ein toller Vorwand, um sich eine hübsche Kladde zu kaufen (als ob wir dafür einen Vorwand bräuchten!). Tagebuchschreiben ist auch ein Akt der Selbstfürsorge, ein wichtiges Instrument, das uns in Echtzeit zu analysieren erlaubt, was in unserem Leben geschieht. Dabei spielt es keine Rolle, wann oder wie wir schreiben, ob wir uns fortwährend kurze Notizen machen, uns abends oder morgens hinsetzen, einem festen Fragenkatalog folgen oder uns frei von der Leber weg äußern. In den ruhigen Momenten des Schreibens verstummt das Gebrüll der Welt da draußen, wir horchen auf unsere innere Stimme. Wir drehen ihre Lautstärke hoch, und das ist extrem hilfreich, denn es gibt uns Gelegenheit zu erkunden, wie wir uns wirklich fühlen und welchen Denk- und Verhaltensmustern wir folgen. Wir wühlen uns durch alle Schichten und schauen, was zutage tritt: unsere wunden Stellen, die Augenblicke, in denen unsere Grenzen verletzt wurden, die Gelegenheiten, in denen wir unsere Grenzen verteidigt haben, die Bereiche unseres Lebens, in denen wir mehr Unterstützung brauchen, Momente des Glücks, Lösungsmöglichkeiten für Probleme, Erfolge, unerfüllte Bedürfnisse oder verschüttete Träume. Tagebuchschreiben hilft uns, Verbindungen zu ziehen.

»Nachdenken, ganz aufrichtig, uns alles von der Seele schreiben, uns selbst ausdrücken, einen winzigen Moment innehalten und einfach nur sein.«

Unser Gedächtnis erinnert sich vorwiegend an Extreme, an Höhe- und Tiefpunkte. Was in der Mitte dazwischenliegt, vergessen wir leicht – außer wir halten unsere Gedanken und Gefühle regelmäßig schriftlich fest. Das kann in mehrfacher Hinsicht erhellend sein. Wenn wir unsere Gefühle, die Dinge, die uns Stress verursachen, unsere Erfolge, Feste, Schwierigkeiten und Konflikte schwarz auf weiß nachlesen, gibt ihnen das größere Gewicht. Außerdem können wir sie auf diese Weise objektiver beurteilen.

Beim Tagebuchschreiben gibt es kein Richtig und Falsch, nur uns. Wir allein entscheiden, wie wir es angehen. Tagebuchschreiben ist unsere Chance zu entspannen und uns neu zu orientieren – dringend benötigte Zeit für uns selbst. Machen wir uns um Rechtschreibung, Satzzeichen und Grammatik keine Gedanken. In diesen wertvollen Augenblicken geht es ja genau darum, die Fesseln des täglichen Lebens abzustreifen, Selbsterforschung zu betreiben und sich selbst auszudrücken.

Hören Sie auf Ihre Gefühle

Wir tun es oft gern als Eso-Kram ab, »auf seinen Bauch zu hören«, denn wir halten uns lieber an handfeste Beweise und unseren logischen Verstand. Dabei ergibt unser Verhalten oft keinen Sinn; wir sind komplexe Wesen. Unsere Instinkte, Bauchgefühle und Nackenhaare wissen oft mehr, als wir ihnen zugestehen. Wir reagieren auch körperlich auf Situationen: Unser Puls beschleunigt sich, wir werden angespannt, die Hände beginnen zu schwitzen, die Atmung verändert sich, unser Magen verkrampft. Wir bemerken diese Reaktionen, weil sie unangenehm sind, und versuchen, sie rational zu erklären. Allerdings hören wir nicht immer auf ihre Botschaft.

Wie bereits geschildert, fühlen wir uns gelegentlich hin- und hergerissen oder gespalten. Nicht nur gesellschaftliche Erwartungen und soziale Normen zerren an uns, auch unser Gehirn ist gelegentlich zwiegespalten. Das erklärt sich aus seiner Funktionsweise: Ein Teil unseres Gehirns arbeitet analytisch, er wägt bewusste Erfahrungen und verfügbare Informationen besonnen ab. Der andere Teil unseres Gehirns durchstöbert unsere unbewussten Archive und fällt Blitzurteile, die vordergründig unvernünftig wirken können. Beide Gehirnhälften leisten einen wichtigen Beitrag. Beide können – je nach Situation – aber auch danebenliegen. Wir wissen nur, was wir wissen, und nur dieses Wissen kann in unsere Entscheidungen einfließen.

Selbstfürsorge erfordert Achtsamkeit: Wie fühlen wir uns? Und wie wollen wir uns fühlen? Manchmal gibt es bei Entscheidungen einen Widerstreit zwischen unseren kurz- und unseren langfristigen Interessen. Wir versuchen dann, einen Ausgleich zu schaffen – ein guter Ansatz, der allerdings nicht immer funktioniert. Bekanntlich schwanken unsere Gefühle in Abhängigkeit von den Umständen. Vergleichen wir nur unsere Stimmung, nachdem wir Zeit mit jemandem verbracht haben, der uns Kraft gibt beziehungsweise Kraft raubt. Unser Magen verkrampft sich, wenn wir einer übergriffigen Bitte nachgegeben haben. Wir spüren die Schmetterlinge der Begeisterung und die Schmetterlinge der Nervosität. Ignorierte Träume nagen an uns, wir erröten unwillkürlich, und wir erleben Momente, in denen wir uns umsorgt, getröstet und geborgen fühlen.

Wenn wir nicht auf unser Bauchgefühl hören – was fühlt sich richtig an, was falsch? –, ignorieren wir entscheidende Hinweise darauf, was uns guttut und was uns schadet. Wir ignorieren ein wichtiges Instrument, das uns die Evolution an die Hand gegeben hat und uns instinktiv wissen lässt, welche Entscheidung für uns die richtige ist.

Wer bin ich? Diese Frage gehört wohl zu den kniffligsten überhaupt, oft genug kennen wir die Antwort selbst nicht. Eine große Frage, die oft nur in ein Dickicht weiterer Fragen führt. Manche Menschen erkennen nie, wer sie sind. Andere machen Erfahrungen, die ihr Selbstbild auf den Kopf stellen. Und wieder andere erleben, wie ihr Ich sich durch Krankheit oder Trauma völlig auflöst. Vielleicht haben wir uns derart daran gewöhnt, es ausschließlich anderen recht machen zu wollen, dass wir uns gar keinen anderen Lebenssinn mehr vorstellen können. Die Gesellschaft versucht, uns alle in Schubladen zu stecken – Schubladen, in die wir nicht passen und nicht passen wollen.

Das Bedürfnis, uns selbst zu verstehen, ist uns angeboren. Auch wenn wir uns dessen nicht bewusst sind, dürsten wir alle nach der Erkenntnis, was uns im Kern ausmacht. Unser Selbstbild ist die Summe aller Einsichten über uns selbst, also was zum Beispiel unsere Stärken, Schwächen, Abneigungen, Meinungen oder Hobbys sind. Dieses Selbstbild spielt eine wichtige Rolle, denn es gibt uns Halt, dient als innerer Kompass und hilft uns, Entscheidungen zu treffen. Solange wir nicht recht wissen, was uns im Grunde ausmacht, sind wir orientierungslos, verstört und ziellos. Wir fühlen uns fremdbestimmt und haben das Gefühl, eine Maske zu tragen. Unser Selbstbild leidet, unsere Zufriedenheit auch.

Unser Selbst ändert sich unentwegt; wir sind nicht mehr, wer wir vor fünf, zehn oder zwanzig Jahren waren. Wir entwickeln uns weiter, ändern uns und übernehmen neue Rollen.

Ein Sammelalbum zum Thema »Ich« lässt unsere Persönlichkeit in all ihren Facetten aufscheinen. Wie wäre es beispielsweise, Bilder oder Fotos zusammenzustellen zu Fragen wie: »Was ist mir wichtig?«, »Mit wem verbringe ich gern Zeit und warum?«, »Was sind meine liebsten Dinge?«, »Was tröstet mich?«, »Wohin würde ich gern reisen?«, »Was würde ich gern erkunden?«, »Wie sieht mein perfekter Tag aus?«, »Was wollte ich früher einmal werden?«, »Was sind meine Lieblingslieder?«, »Welche Hobbys machen mir Freude?«, »Was steht mir im Weg?«, »Was würde ich gern mal ausprobieren?« oder »Welche Farben, Blumen oder Speisen mag ich?« Die Liste möglicher Fragen ist endlos. Diese Methode der Selbsterkenntnis funktioniert deswegen so gut, weil jede Frage einzeln betrachtet ganz harmlos wirkt, die Summe der Einträge aber eine gute Antwort auf die große Frage liefert: Wer bin ich?

> **»Ein Sammelalbum zum Thema ›Ich‹ lässt unsere Persönlichkeit in all ihren Facetten aufscheinen.«**

Bei Kindern ist die Sache klar: Kinder sollen spielen, und wenn sie nicht spielen, machen wir uns Sorgen. Spielen ist eine tolle Art zu lernen, deswegen ermuntern wir Kinder dazu. Spielen fördert kognitive Fähigkeiten, den Kontakt zu anderen, das seelische Wohlbefinden, Fähigkeiten zur Problemlösung und die Fantasie.

Gestehen wir es uns ruhig ein: Erwachsen sein macht weniger Spaß, als uns versprochen wurde. Wir ächzen unter unseren Verantwortlichkeiten, sind davon überzeugt, dass Arbeit adelt, schätzen alles gering, was Spaß macht, lassen uns von einer ständig wachsenden To-do-Liste gängeln und haben es satt, gelangweilt zu sein und so verdammt seriös. Irgendwann haben wir uns gegen den Spaß und für den Ernst des Lebens entschieden, gegen Neugier und für Monotonie, gegen Vergnügen und für Pflichterfüllung, gegen Genuss und für Langeweile. Als Grund dafür geben wir Zeitmangel an. Doch das ist nur eine Schutzbehauptung, schließlich finden wir für alles andere sehr wohl Zeit: für Arbeit, Familie, Freunde, Hausarbeit, Fernsehen, Facebook und Notfälle. In Wahrheit fühlen wir uns egoistisch, wenn wir uns Spaß gönnen; wir fühlen uns schuldig, unsere Zeit so leichtfertig zu verplempern. Manchmal können wir uns gar nicht mehr vorstellen, wie sich Spielen anfühlt, so weit ist es von unserer Lebenswirklichkeit entfernt. Es ist so lang her, dass wir etwas aus Spaß an der Freude gemacht haben, dass wir vergessen haben, wie nützlich das ist.

Machen wir uns nichts vor: Zum Spielen ist man nie zu alt. Außerdem ist Spielen gesund: Angesichts der alarmierenden Zunahme stressbedingter Krankheiten können wir es uns eigentlich nicht mehr leisten, *nicht* zu spielen. Dafür steht einfach zu viel auf dem Spiel. Wir haben nicht vergessen, wie man spielt, wir haben uns das Spielen nur abgewöhnt. Spiel verfolgt kein konkretes Ziel, es ist unstrukturiert, unproduktiv und lenkt uns von unseren Pflichten ab – die Gründe dafür, warum wir nicht spielen, sind genau die Gründe, die *für* das Spielen sprechen.

Wie fühlen Sie
sich im Moment?
Malen Sie dazu
ein Bild oder
kleben Sie eins
ein ...

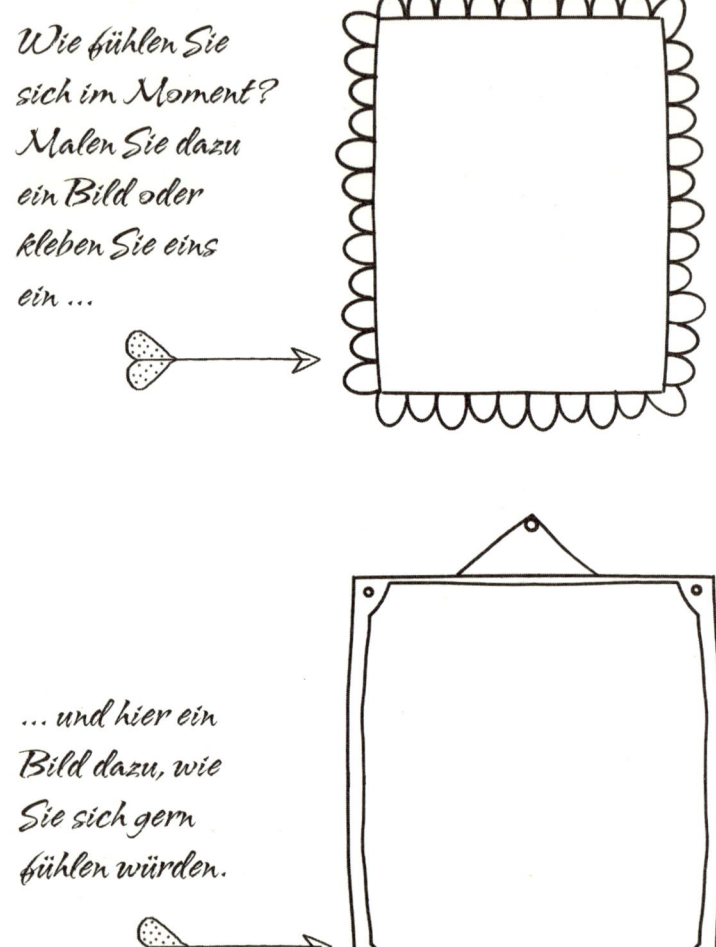

... und hier ein
Bild dazu, wie
Sie sich gern
fühlen würden.

[Ihr Vorname]

_____ s liebste Dinge

Notieren Sie in den Kästchen 10 positive Worte, die Sie beschreiben.

6. Kapitel: Die Macht der kleinen Schritte

»Wir holen uns unsere Macht zurück, in klitzekleinen Schritten.«

Das Eingeständnis, dass Selbstfürsorge uns nützt, ist nur der Anfang. Ein großartiger Anfang, doch die eigentliche Schwierigkeit besteht darin, Selbstfürsorge wirklich im Leben umzusetzen.

Alles Neue erschreckt uns erst einmal. Übergroß scheint sich die Aufgabe vor uns aufzutürmen. Wir glauben, wir müssten uns ihr mit Haut und Haar verschreiben, sonst könnten wir die Veränderung nicht langfristig durchstehen. Das führt leicht zu Lähmung. Weil wir nicht wissen, wo wir anfangen sollen, lassen wir es lieber gleich sein. Wir legen gar nicht erst los und fügen Selbstfürsorge jener Liste von Dingen hinzu, die wir ewig vor uns herschieben – ein weiterer Knacks in unserem Selbstwertgefühl. Wir wissen, wie wichtig Selbstfürsorge für uns wäre – sie würde uns selbstbewusster, fröhlicher und stärker machen, sie würde uns inspirieren und nähren –, doch wir fürchten uns, uns auf unbekanntes Terrain zu begeben.

Unser Verstand kann für oder gegen uns arbeiten. Der Wunsch, sich zu verändern, und das tatsächliche Anpacken dieser Veränderung sind zwei ganz verschiedene Dinge. Wir spüren einen unüberwindlichen Widerstand.

Dabei spielen Ängste eine große Rolle, zum Beispiel die Angst vor dem Unbekannten, Versagensangst oder die Angst, nicht gut genug zu sein. In uns allen läuft ein Angst-Radar, das ständig nach Bedrohungen und Gefahren Ausschau hält. Sobald es eine Bedrohung erfasst hat, schickt es eine Warnung an den restlichen Körper. Klar, gelegentlich ist Angst genau die richtige Reaktion, nämlich bei Lebensgefahr. Ohne Angst gäbe es uns also nicht. Doch leider hat unser Angst-Radar ein paar Macken, es arbeitet gelegentlich unzuverlässig. Manchmal entdeckt es Gefahren, die nur in unserer Vorstellung existieren. Es scannt alle denkbaren Szenarien und warnt uns vor dem, was im schlimmsten Fall passieren könnte. Unser Körper reagiert auf eine solche *mögliche* Bedrohung aber genau wie auf den Anblick eines *echten* Säbelzahntigers: Er stellt sich auf Kampf oder Flucht ein. Unser Magen verkrampft sich, die Nackenhaare stellen sich auf, Adrenalin wird in die Adern gepumpt, wir sind aufs Äußerste gespannt und wachsam.

Viele von uns fürchten sich vor dem Unbekannten, weil es uns zwingt, unsere behagliche Komfortzone zu verlassen. Es nötigt uns, Dinge anders zu machen als früher – ohne Erfolgsgarantie. Das versetzt uns in Angst und zeichnet ein Zerrbild möglicher negativer Folgen. Angst bläst vage Bedrohungen unmäßig auf und prophezeit uns eine angeblich finstere Zukunft. Der evolutionäre Sinn von Angst besteht darin, uns vor Schaden zu bewahren, doch sie kann uns auch kleinhalten, fesseln und verunsichern. Ein von Angst bestimmtes Leben ist nicht besonders glücklich.

»Viele von uns fürchten sich vor dem Unbekannten.«

Angst belastet ungemein. Wir versuchen lediglich, unsere eigenen Geschichten zu schreiben, unser Leben besser zu gestalten und unseren eigenen Weg zu finden. Doch Angst wirft uns einen Knüppel zwischen die Beine und wird zu unserem erbitterten Gegenspieler.

Glücklicherweise muss die Angst nicht am Ruder bleiben. Wir können sie zur Seite schieben, Resilienz entwickeln und Maßnahmen zu ihrer Entmachtung ergreifen.

Um die Macht der Angst zu brechen und unsere Komfortzone zu vergrößern, müssen wir auf Mut-Modus umschalten. Ja, wir müssen unsere Ärmel hochkrempeln und bereit sein, den Ausgang dieser Geschichte zu verändern. Wir holen uns unsere Macht zurück, in klitzekleinen Schritten. In winzigen, einzeln kaum wahrnehmbaren Trippelschritten. Mutig zu sein, klingt extrem schwierig, doch in Wirklichkeit bedarf es nur winziger Maßnahmen und Augenblicke von Mut. Ebenso, wie es nur winziger Maßnahmen und Augenblicke von Widerstand gegen die Einflüsterungen unserer Angst braucht, um ihr etwas entgegensetzen zu können. Je mehr winzige Maßnahmen und Augenblicke wir ansammeln, desto leichter fällt es uns, flexibel zu reagieren und uns anzupassen. Wir werden immer stärker und selbstbewusster, wir fühlen uns immer behaglicher im Unbehaglichen. Und ehe wir uns versehen, haben wir einige neue Gewohnheiten angenommen. Eine Win-win-Situation.

Und nur keine Sorge, Angst, wir werden dich nicht ignorieren. Du musst nicht lauter brüllen, um gehört zu werden. Wir hören dich, aber wir durchschauen dich auch. Wir sehen deine Mängel und nicken dir anerkennend zu. Aber wir trotzen dir auch und zeigen dir, wer hier das Sagen hat.

Man darf durchaus von einem inneren Kampf sprechen; wir sind

»Wir fühlen uns immer behaglicher im Unbehaglichen.«

mit uns selbst im Krieg. Das erfordert eine beachtliche Anstrengung, insbesondere unserer Willenskraft. Aber indem wir uns auf Trippelschritte beschränken, geben wir unseren Energievorräten genug Zeit, sich wieder zu regenerieren.

Wir alle wissen ganz genau, welche Verhaltensweisen am wahrscheinlichsten zu positiven Ergebnissen führen. Knifflig wird es dort, wo wir das Gefühl haben, unser tatsächliches Verhalten sei Lichtjahre von dem entfernt, was uns gut täte. Bilden wir uns keine Sekunde lang ein, unser Gehirn würde es uns leichter machen – auch unser Verstand liebt Gewohnheiten, bleibt gern bei dem, was er kennt, und unterstützt unsere Ziele nicht. Unser Verstand ist so konstruiert, dass er immer nach einem einfachen Ausweg sucht, nach dem Weg des geringsten Widerstands. Veränderungen anzustoßen, verbraucht nicht nur geistige Ressourcen, wir kämpfen auch gegen bestens eingespielte neuronale Pfade. Deswegen gilt es, auf hartnäckige, realistische und relativ einfache Art und Weise an diesen Automatismen zu rütteln.

Wir verfolgen einen langfristigen Plan.

Was nicht so einfach ist, wie es klingt.

Denn wir tendieren dazu, Fortschritt gern zu erzwingen, weil wir nach unmittelbarer Befriedigung unserer Bedürfnisse gieren. Wir wissen, was wir wollen, und wir wollen es sofort. Unverzüglich. Jetzt. In dieser Sekunde. Sobald wir uns zu etwas entschlossen haben, wollen wir nicht mehr warten. Wir haben es geradezu verlernt, was Warten bedeutet: Unseren Freunden schreiben wir Sofortnachrichten, Dinge bestellen wir online zur Lieferung am gleichen Tag, innerhalb von Stunden düsen wir in ein anderes Land. Das Problem mit der sofortigen Bedürfnisbefriedigung: Wir hecheln den kurzfristigen Genüssen hinterher und opfern dafür möglicherweise unser langfristiges Glück. Auch das Gegenteil trifft zu: Manchmal müssen wir für langfristigen Genuss unser kurzfristiges Glück opfern.

Klingt ziemlich unbefriedigend, oder?

Nehmen wir das Meer. Es ist zweifellos ein mächtiges Biest, trägt aber Klippen nicht durch schiere Kraft und Gewalt ab, sondern durch unablässiges Anbranden über lange Zeiträume hinweg. Welle um Welle nagt es ein winziges Bisschen am Stein, langsam aber sicher.

Der Wunsch nach sofortiger Bedürfnisbefriedigung ist kurzsichtig. Er verstellt uns die längerfristige Perspektive und raubt uns so die Geduld, unsere Pläne in Ruhe umzusetzen. Es nützt nichts, sich unrealistische Ziele zu setzen und sich dann Hals über Kopf in Projekte zu stürzen. Der Mount Everest lässt sich schließlich auch nicht ohne Vorbereitungen und Training bezwingen. Indem wir uns zu viel auf einmal vornehmen, bereiten wir unwissentlich (und unnötigerweise) schon den Boden für unser Scheitern. Und Scheitern tut weh. Wir könnten viel daraus lernen, aber wir schauen nur ungern auf unsere Misserfolge zurück. Dabei können Misserfolge, aus denen wir keine Lehren ziehen, zur echten Bedrohung werden: Wir wiederholen immer wieder unsere alten Fehler und verzweifeln an unser Dummheit. Wir wollen gar nichts Neues mehr ausprobieren, weil ein Scheitern uns unvermeidlich scheint. Dabei ist es keineswegs unvermeidlich. Nichts ist vorherbestimmt – wir alle machen Fehler, aber wir könnten heute nicht gehen, wenn wir als Kleinkinder nicht hundert Mal hingefallen und wieder aufgestanden wären. Scheitern muss keine Niederlage bedeuten, es markiert nicht das Ende

»Manchmal müssen wir für langfristigen Genuss unser kurzfristiges Glück opfern.«

des Weges. Indem wir die Gründe für unseren Misserfolg betrachten und darüber nachdenken, was wir das nächste Mal besser machen können, schärfen wir unseren Blick für das Gesamtbild. Allmählich kristallisiert sich ein neuer Plan vor unserem inneren Auge heraus. Diese Informationen erhöhen die Erfolgschancen bei unserem zweiten, dritten, vierten, hundertsten Versuch.

Neue Gewohnheiten nimmt man nicht über Nacht an, selbst wenn sie so nützlich und umwälzend sind wie die, sich Zeit für Selbstfürsorge zu nehmen. Gewohnheiten bilden sich durch wiederholtes Handeln. Doch wenn wir uns zu viel vornehmen und die Änderungen zu gravierend sind, verstört uns das leicht, und wir kehren intuitiv wieder zur bekannten und vertrauten »Norm« zurück. Zurück auf Los.

Ist uns das ein paar Mal passiert, geht unsere Motivation allmählich flöten, unsere Willenskraft schwindet. Es kostet geistige Energie, sich immer wieder aufzurappeln, den Staub abzuschütteln und wieder von vorne zu beginnen. Das Anfangen ist so ermüdend.

Genau deshalb sollten wir in winzigen Schritten vorwärtsgehen. Sie sind meistens realistisch, das ist das Schöne an ihnen. Wir müssen unser Leben nicht total umkrempeln, doch die winzigen Schritte summieren sich irgendwann zu einer gewaltigen Veränderung. Trippelschritte erfordern nur minimale Anstrengung, Energie und Fähigkeiten. Je kleiner der Schritt ist, desto weniger Mut kostet er und desto leichter lässt er sich ins tägliche Leben einbauen. Es ist gar nicht nötig, seinen ohnehin schon durchgeplanten Tag auf freie Stunden für großartige Maßnahmen zu durchkämmen – zwei Minuten für Selbstfürsorge finden sich immer. Selbst wenn wir schon total kaputt sind: Sogar im gemütlichen Bett können wir noch winzige Maßnahmen ergreifen.

»Trippelschritte erfordern nur minimale Anstrengung, Energie und Fähigkeiten.«

Veränderung kann unbequem sein, aber Trippelschritte ermöglichen es uns, uns ganz langsam zu verändern. Wir brauchen uns nicht groß aufzuwärmen und verlangen uns keine

Riesenleistung ab. Wir müssen nicht hoch oder weit springen, nicht sprinten oder hürdenlaufen.

Wir reden hier von tastenden Schritten ins Unbekannte. Ganz allmählich orientieren wir uns und kriechen langsam vorwärts, anstatt blindlings ins Blaue hinein zu galoppieren. Klar, es geht nicht schnell voran, dafür steigern wir aber unsere Chancen auf langfristigen Erfolg und machen größere Fortschritte, als wir glauben.

Um herauszufinden, welche »Mikromaßnahme« oder welcher »Mikroaugenblick« erforderlich ist, müssen wir ein Ziel, einen Traum oder ein erwünschtes Gefühl festlegen. Das ist unser Ziel, unser angestrebtes Ergebnis. Als nächstes überlegen wir, welche winzigen Schritte wir in Richtung dieses Ziels machen könnten. Diese Schritte halten wir schriftlich fest, für später. Diese Methode nennt man »Reverse Engineering« – man nimmt das gewünschte Endergebnis und zerlegt den Weg dorthin in eine Reihe kleiner und machbarer Schritte.

Die einzelnen Maßnahmen und Augenblicke erfordern kaum Zeit oder Energie. Sie lassen sich locker in jeden Tagesablauf einbauen und setzen uns nicht noch weiter unter Druck. Lassen wir eine winzige Maßnahme oder einen winzigen Augenblick aus, macht das gar nichts, später können wir immer wieder auf den Zug aufspringen. Diese kleinen Zeitschnipsel helfen uns dabei, uns im Lärm des Alltags auf unser gewähltes Ziel zu konzentrieren. Haben sich dann genug winzige Maßnahmen und Augenblicke angesammelt, bemerken wir erste, ganz leichte Veränderungen in unserem Leben. Wir verbuchen mehr Erfolge. Unser Selbstbewusstsein wächst, wir bekommen mehr Schwung, und es kommt etwas ins Rollen.

Diese Strategie, Selbstfürsorge ganz sanft in den Alltag zu integrieren, vermittelt uns Erfolgsgefühle, reißt uns mit und stärkt unseren Mut. Wir sammeln winzige Erfolge an und gewinnen so den Mut, Angst und Widerstände in uns zu überwinden.

Wir alle haben tagsüber ab und zu »tote« Zeiten – auf dem Weg zur Arbeit, vor Terminen, in Warteschleifen oder bei der Nutzung sozialer Medien –, die wir abknapsen und als winzige Augenblicke für unsere Selbstfürsorge verwenden können.

»Kleine Zeitschnipsel eröffnen uns die Möglichkeit, innezuhalten, nachzudenken und Bilanz zu ziehen.«

Denn genau darum geht es bei Selbstfürsorge: sich nicht noch mehr Stress und Belastung aufzubürden, sondern herunterzukommen. Kleine Zeitschnipsel eröffnen uns die Möglichkeit, innezuhalten, nachzudenken und Bilanz zu ziehen.

Es ist verblüffend, wie viel ein winziger Augenblick bewirken kann – oder eine Reihe von winzigen Augenblicken. Zwar unterscheiden wir uns alle darin, was wir als Selbstfürsorge betrachten, doch die folgenden Vorschläge fallen definitiv unter den Überbegriff »Selbstfürsorge« und können jedem nützen.

Misten Sie den Posteingang aus

Unser Posteingang quillt oft über, trotz aller guten Vorsätze. E-Mails, die einer Antwort harren, E-Mails von Verteilern, für die wir uns unserer Erinnerung nach nie angemeldet haben, E-Mails, die wir für später aufheben müssen. E-Mails kommen uns schon zu den Ohren heraus.

Ständig piepst unser Smartphone und stört uns in unserer Konzentration. Wir sind Sklaven unserer Handys geworden und achten kaum mehr auf unsere Umgebung.

Selbstfürsorge heißt, wieder selbst zu bestimmen, was man wann tut. E-Mails machen das schwer. Doch wir können ein paar Dinge tun:

Deaktivieren Sie die Mailfunktion auf Ihrem Smartphone oder zumindest den Signalton für neue Nachrichten, um wieder selbst steuern zu können, wann Sie Ihren Posteingang checken.

Halten Sie beim Arbeiten am Schreibtisch Browser und E-Mail-Programm geschlossen und checken Sie Ihre E-Mails nur zu bestimmten Zeiten.

Lassen Sie sich aus Mailverteilern löschen, die Sie nicht mehr interessieren.

Legen Sie einen Wiedervorlage-Ordner für Mails an, die Sie sonst ewig im Posteingang lassen würden. So finden Sie sie auch schnell wieder.

Trinken Sie genug Wasser

Unser Körper besteht zu zwei Dritteln aus Wasser, und wir funktionieren nur dann optimal, wenn der Pegel stimmt: Unsere Körpertemperatur wird reguliert, Vitamine, Mineralien und Sauerstoff gelangen überall hin, wo sie gebraucht werden und so weiter. Kopfweh zeigt uns an, wenn wir dehydriert sind und uns Wasser zuführen müssen. Schon leichter Wassermangel beeinträchtigt unsere Laune, Produktivität und Denkfähigkeit. Oft vergessen wir einfach, regelmäßig zu trinken, und im Lärm des Alltags gehen die subtilen Signale des Körpers unter, dass er mehr Flüssigkeit braucht. Hier können wir mal unsere Smartphones für uns statt gegen uns arbeiten lassen: Installieren Sie eine App, die Sie regelmäßig daran erinnert zu trinken und die mitzählt, was Sie tagsüber getrunken haben.

Schalten Sie ab

Die Unterarmknochen hängen an den Handknochen. Die Handknochen hängen an den Fingerknochen. Und die Finger hängen am Smartphone. Den ganzen Tag lang. Na ja, vielleicht nicht
den ganzen Tag, aber einen guten Teil davon. Wir antworten,
chatten, liken, scrollen und checken – im Durchschnitt erschreckende 76 Mal am Tag.

Das blaue Licht der Smartphone-Bildschirme sorgt dafür, dass
wir schlechter einschlafen, denn es unterdrückt die Herstellung
von Melatonin, einem schlaffördernden Hormon, das unser
Körper produziert. Spätabendliches Herumspielen am Smartphone beeinträchtigt also die Nachtruhe.

Traurig, aber wahr: Wir sind Sklaven unserer elektronischen
Geräte geworden. Legen wir Pausen von dieser Sklaverei ein,
tagsüber und vor dem Zubettgehen. So verschaffen wir uns
Freiräume und Ruhe, die Zeit verrinnt nicht mehr so schnell,
wir nehmen unsere Umgebung wieder besser wahr, stärken den
Draht zu den Menschen, die sich im gleichen Raum aufhalten, finden wieder mehr zu uns selbst und fühlen uns weniger
gehetzt.

Sagen Sie »Ja« zu sich

Alles und jeder erhebt Ansprüche an uns. Wir könnten jeden Tag buchstäblich mehrmals füllen – und genau das tun wir auch. Gebeugt unter der Last unserer Verantwortlichkeiten hetzen wir durch die Wochen und versuchen, die Ansprüche der anderen zu erfüllen. Und im Nu ist der Tag verflogen. Zeit lässt sich weder zurückdrehen, noch durch einen Zaubertrick vermehren. Aber wir können lernen, sie klüger einzuteilen und für uns zu nutzen.

Über die Zeiten, in denen wir aus reinem Schuld- oder Pflichtgefühl Ja zu Dingen sagen, habe ich weiter oben schon geschrieben. Umgekehrt gibt es auch Zeiten, in denen wir Nein zu Dingen sagen, die uns guttun würden. Indem wir Nein zu uns selbst sagen, ruinieren wir unsere Gesundheit, verraten unsere Träume und schaden den Beziehungen, die uns am wichtigsten sind.

Wenn wir uns selbst jedes verdammte Mal ganz hinten anstellen, zeigen wir anderen, wo unser Platz ist. Doch das stimmt nicht; wir sind genauso wichtig wie alle anderen. Auch wir verdienen die Chance, Dinge zu tun, die uns am Herzen liegen. Es ist absolut okay, seinem Chef die Bitte abzuschlagen, länger zu bleiben, und den Abend stattdessen mit Freunden oder Familie zu verbringen. Es ist absolut vernünftig, nicht ans Telefon zu gehen, während man gerade ein spannendes Buch liest. Natürlich haben wir das Recht, Menschen darum zu bitten, nicht unangekündigt bei uns zu Hause aufzukreuzen. Es ist lobenswert, die Freiräume zu verteidigen, die wir uns erkämpft haben, um unsere Träume zu verwirklichen.

Weg mit den ausgelatschten Pantoffeln

Wenn wir uns wertlos fühlen, glauben wir, die Aufmerksamkeit und Zuwendung anderer nicht zu verdienen, keine Freunde zu verdienen, keine Hilfe und keine »hübschen Dinge« zu verdienen.

Unsere Unterwäsche ist grau und verschlissen, unsere Pantoffeln haben mehr Löcher als ein Schweizer Käse, das hübsche Geschirr verwenden wir ausschließlich bei besonderen Gelegenheiten. Wir begnügen uns.

Doch das müssen wir nicht.

Wir verdienen Pantoffeln, die unsere Füße warm halten, wir verdienen Unterwäsche, in der wir uns sexy fühlen, und wir verdienen es, jeden Tag wie einen ganz besonderen Tag zu behandeln, denn wir sind besonders. Werfen wir mitsamt dem verschlissenen Krempel alte Denkgewohnheiten über Bord! Unsere Taten sagen mehr als unsere Worte. Wir zeigen uns, dass wir es wert sind. Denn wir sind es. Immer.

Umarmen Sie
auf Teufel komm raus

Nur keine falsche Zurückhaltung! Seit wir Babys sind, kuscheln wir uns durchs Leben. Wir umarmen Menschen, Haustiere, Kuscheldecken und Teddybären.

Umarmungen haben etwas Magisches; sie trösten, beruhigen und stärken uns. Noch besser wirken sie, wenn wir einen geliebten Menschen umarmen. Je länger die Umarmung, desto besser. Eine innige Umarmung ist die reinste Medizin: Schon nach 20 Sekunden wird im Körper Oxytozin freigesetzt, das sogenannte »Liebeshormon«. Oxytozin senkt Puls und Blutdruck, lindert Schmerzen, verringert den Ausstoß des Stresshormons Kortisol, regt die Herstellung des Glückshormons Dopamin an und stärkt unser Zugehörigkeitsgefühl.

Also, Arme ausbreiten und ... ZUDRÜCKEN!

Atmen Sie bewusst

Oft fällt es uns gar nicht auf, doch wenn wir gestresst, nervös oder ängstlich sind, verändert sich unsere Atmung; wir beginnen, schneller und flacher zu atmen.

Durch bewusstes Atmen wechseln wir automatisch in den Achtsamkeits-Modus: Wir sind ganz im Augenblick präsent, weil es schwierig ist, an irgendetwas anderes zu denken, während man ganz bewusst ein- und ausatmet. Aus diesem Grund beginnen so viele angeleitete Meditationen mit Atemübungen: Sie richten unsere Aufmerksamkeit auf das Jetzt und lassen uns all die Dinge vergessen, die uns stressen, ängstigen und nervös machen.

Wir alle fühlen uns gelegentlich gestresst. Wappnen wir uns ruhig, indem wir eine geeignete App mit Techniken zum richtigen Atmen und für Entspannung und Stressabbau auf dem Handy installieren. Dann haben wir sie im Bedarfsfall gleich zur Hand. Oder wir machen eine ganz einfache Übung, ohne App: Durch die Nase einatmen und dabei bis fünf zählen, dann durch den Mund ausatmen und dabei ebenfalls bis fünf zählen. So lange wiederholen, bis sich der Puls wieder beruhigt hat.

Halten Sie durch, auch wenn es langweilig ist

Manchmal rutscht das langweilige, aber überlebenswichtige Selbstfürsorge-Zeug durch die Ritzen des Alltags. Die Tage gehen ineinander über, und wir müssen an alles Mögliche denken. Dabei vergisst man schnell mal, was wirklich wichtig ist: Arzttermine wahrzunehmen, Rezepte abzuholen, Medikamente zu nehmen, ausreichend zu schlafen, Rechnungen zu bezahlen und Formulare einzureichen.

Entlasten wir unsere Gehirne, indem wir uns von unseren Smartphones an solche Dinge erinnern lassen. So schaffen wir Platz für Selbstfürsorge in unserem Kopf und brauchen uns nicht darum zu sorgen, X, Y oder Z womöglich zu vergessen. Unsere Smartphones erinnern uns schon rechtzeitig daran und verraten uns, was wir tun müssen und wann. Wieder ein Beispiel dafür, wie wir unsere Smartphones für uns arbeiten lassen können.

Führen Sie eine Zubettgeh-Routine ein

Schlafen gehört zur Selbstfürsorge, da sind wir uns wohl alle einig. Dennoch schludern wir genau auf diesem extrem wichtigen Gebiet sehr häufig.

Schlafmangel kann weitreichende Folgen haben: Er beeinträchtigt unser Wohlbefinden und untergräbt unser Denkvermögen. Schlafentzug ist schon seit ewigen Zeiten eine beliebte Foltermethode. Wir riskieren unseren Seelenfrieden, unsere Denkfähigkeit und unsere körperliche Gesundheit, wenn wir auf Schlaf verzichten.

Dabei gibt es doch kaum etwas Tolleres, als im Bett zu gammeln und sich zu erholen. Schlaf unterstützt Lernprozesse und das Abspeichern von Erinnerungen, stärkt das Immunsystem, baut Stress ab, beugt Unfällen vor, zügelt unseren Appetit, senkt unser Krankheitsrisiko und macht uns glücklich.

Indem wir uns eine Zubettgeh-Routine angewöhnen und einhalten, können wir diesen wichtigen Abschnitt unseres Tages für uns nutzen: Wie schlafen viel effektiver und wachen am nächsten Morgen frisch und energiegeladen auf. Denn – geben wir es ruhig zu – das ist bei uns eher die Ausnahme.

Die Zubettgeh-Routine kann durchaus schon im Lauf des Tages beginnen: Vielleicht bauen wir Pausen in unseren Tagesablauf ein, trinken nach 14 Uhr keinen Kaffee mehr, schauen nach 20 Uhr nur noch sehr begrenzt auf Bildschirme, machen unsere Schlaf-Umgebung gemütlicher und planen, wann wir ins Bett gehen müssen, um auf die empfohlenen sieben bis neun

Stunden Schlaf zu kommen. Hilfreich ist außerdem, jeden Tag zur gleichen Zeit ins Bett zu gehen und aufzustehen, schon eine halbe Stunde vor dem Zubettgehen langsamer zu machen, das Handy auszuschalten und in einem anderen Raum aufzuladen, warme Milch zu trinken, zu lesen, beruhigende Musik zu hören, Tagebuch zu schreiben, warm zu duschen oder zu baden.

Erstellen Sie eine Playlist

Musik verbindet, weckt Erinnerungen, bringt etwas in uns zum Schwingen, beruhigt, motiviert, bestärkt und tröstet uns. Sie kann auch den Blutdruck senken, das geistige Wohlbefinden stärken, die Laune verbessern, die Aufmerksamkeit steigern, Ängste und Stress abbauen und uns beim Sport antreiben.

Natürlich unterscheiden sich die Musikgeschmäcker, wir alle reagieren unterschiedlich auf verschiedene Melodien und Texte. Manche Songs gehören einfach zum Soundtrack unseres Lebens, manche wecken schmerzhafte Erinnerungen an harte Zeiten, manche bringen uns zum Lächeln, manche wecken in uns den Wunsch, unter einer glitzernden Discokugel zu tanzen, manche machen uns glücklich, manche erlösen uns einen Augenblick vom Alltagstrott, manche bauen uns auf.

Wie überall bei der Selbstfürsorge spielt Planung eine zentrale Rolle. Überlegen wir uns gut, welche Lieder auf die Playlist sollen. Vielleicht brauchen wir ja auch verschiedene Playlists – eine für Regentage; eine für Tage, an denen gar nichts klappt; eine, die uns Energie, Vertrauen, Mut oder Hoffnung schenkt; eine für Zeiten, in denen wir wütend, traurig oder fröhlich sind; eine, um Zweisamkeit zu genießen oder Freundschaft zu feiern.

Bewegen Sie sich regelmäßig

Wie in aller Welt sollen wir in unseren bis obenhin vollgestopften Tagen noch Zeit für Sport finden? Vielleicht fühlen wir uns schon derart durch die Mangel gedreht, dass uns allein die Vorstellung an sportliche Betätigung die Augen verdrehen lässt. Wir sind schon völlig kaputt, vielen Dank. Doch um etwas für unseren Körper zu tun, müssen wir keine volle Stunde in einem muffigen Kraftraum trainieren. Schon ein bisschen Bewegung ab und zu hilft; sie verjüngt, bringt den Kreislauf in Schwung, stärkt das Immunsystem, baut Stress ab und beruhigt. Keine Angst, es braucht keine lange Zeit am Stück! Wir profitieren von körperlicher Betätigung schon, wenn wir uns kleine Zeitfenster dafür einräumen.

Wir müssen nur herausfinden, welche Art der Betätigung uns entgegenkommt. Möchten wir während der Mittagspause eine Viertelstunde um den Block laufen? Einen längeren Spaziergang durch die Natur unternehmen? Zu unseren Lieblingsschnulzen abtanzen, Sternsprünge machen, mit den Armen rudern, mit den Beinen in der Luft radfahren, auf einem Trampolin oder Hüpfball herumhopsen, YouTube-Yoga machen, zu einer Davina-DVD turnen, surfen ... Wichtig ist nur, dass es uns Spaß macht – und dass wir es wirklich tun.

»Um etwas für unseren Körper zu tun, müssen wir keine volle Stunde in einem muffigen Kraftraum trainieren.«

Haben wir nur keine Angst davor, es auf unsere Art zu machen.

Wir alle haben Ängste.
Schreiben Sie Ihre Ängste
auf die Wegweiser.

Notieren Sie hier Ihre mutigen Taten.

Ihr Ziel

Die winzigen Schritte

7. Kapitel: Vorfahrt für Selbstfürsorge

»Wir verschieben die Erfüllung unserer Bedürfnisse auf ein ›Irgendwann‹, das niemals kommt.«

Gute Planung baut Misserfolgen vor, in unserem Fall Krankheit und schwammigen Grenzen. Wenn wir den Selbstfürsorge-Ball fallen lassen (und das werden wir), sind nicht wir daran schuld, sondern das Leben. Das wird passieren, ganz zweifellos, aber trotzdem konzentrieren wir uns erst einmal darauf, den Ball möglichst lang in der Luft zu halten. Wenn er uns mal herunterfällt, was soll's? Dann heben wir ihn einfach wieder auf. Und wieder und wieder und wieder und wieder.

Dieses Kapitel ist meiner Ansicht nach das wichtigste im ganzen Buch. Jetzt fällt die Entscheidung über Erfolg und Misserfolg. Das ist ganz schön aufregend. Insbesondere, weil wir inzwischen den Taktstock in Händen halten. Wir wissen, was Selbstfürsorge bedeutet, wir haben ein neues Verständnis von uns selbst gewonnen. Doch jetzt kommt es darauf an, was wir mit diesem wertvollen Wissen anstellen.

Die Erkenntnis, warum wir etwas verändern wollen, und der brennende Wunsch, tatsächlich etwas zu verändern, reichen bei Weitem nicht aus. Wir müssen die Flamme am Leben erhalten, sodass wir unerlässliche Handlungen auch ausführen. Das Leben ist nichts weiter als eine Abfolge von winzigen Entscheidungen und Augenblicken. Wenn wir achtsam und bewusst vorgehen, können wir ziemlich coole Veränderungen bewirken, in Trippelschritten.

Klingt irgendwie einfach, oder?

Ist es aber nicht.

Warum nicht?

Weil uns das Leben in die Quere kommt, wir uns selbst Knüppel zwischen die Beine werfen oder sich alte Gewohnheiten wieder einschleichen. Es ist anstrengend, es geht uns gegen den Strich, uns zu verändern und neue Gewohnheiten anzunehmen. Das erfordert Selbstdisziplin, Motivation und Willenskraft – lauter knappe Ressourcen.

Glücklicherweise spüren wir die Magie der Veränderung umso stärker, je länger wir Selbstfürsorge betreiben. Erste Erfolge fachen unseren Wunsch nach weiteren Veränderungen an. Die inneren Widerstände verschwinden zwar nicht, aber wir lernen, uns mit ihnen zu arrangieren.

Um uns die beste Chance auf Veränderung einzuräumen, müssen wir gut planen.

Jetzt bitte nicht mit den Augen rollen!

Zugegeben, »planen« klingt unsexy, beengend, langweilig und verdammt anstrengend. Von Langeweile und harter Arbeit haben wir wirklich genug, vielen Dank!

Wir planen ständig, in allen Lebensbereichen: in der Arbeit, in der Schule, wir planen unsere Geburtstage, Ferien, Hochzeiten, Kinder und unseren Ruhestand. Warum sollten wir keinen Plan dafür aufstellen, wie wir das Beste aus uns herausholen? Einen Plan, der uns wieder das Ruder unseres Lebens ergreifen lässt. Einen Plan, der uns in den Momenten Halt gibt, in denen sich die Welt gegen unsere Gesundheit und unsere Ziele verschworen zu haben scheint. Einen Plan, der unsere Bedürfnisse und Wünsche an erste Stelle setzt. Einen Plan, der herausstreicht, wann wir Ja zu etwas sagen wollen und wann Nein. Einen Plan, der aber auch die Möglichkeit eröffnet, die Zukunft umzuschreiben, basierend darauf, wie die Vergangenheit unsere Gegenwart geprägt hat.

Leider ergibt sich Selbstfürsorge nicht von selbst – sie klappt nur, wenn wir uns bewusst darum bemühen.

Aber dafür haben wir keine Zeit!

So fühlt es sich jedenfalls an. Wir sind überwältigt von all den Pflichten, Angelegenheiten, Menschen und Erwartungen, die um unsere Aufmerksamkeit heischen. Selbstfürsorge scheint da ein Luftschloss, ungreifbar und unerreichbar.

Fangen wir also mit der Frage an, wie wir uns ein wenig Zeit und Hirnkapazität freischaufeln können.

Verhandeln Sie die Smartphone-Zeit neu

Heutzutage gehören die sozialen Medien zu den schlimmsten Zeiträubern. Klar, sie sind in vielerlei Hinsicht eine tolle Sache. Aber es liegt in der Natur der Sache, dass wir oft unterschätzen, wie viel Zeit wir damit verbraten. Im Schnitt checken wir unsere Telefone 76 Mal täglich, was uns oft auch peinlich ist. Ich will auch niemanden überreden, sein Handy ganz abzuschaffen. Wir schauen nur, ob wir hier und da ein wenig Zeit einsparen können. Würde es uns beispielsweise gelingen, das Handy nur noch 25 Mal am Tag zu checken, hätten wir schon ein paar hübsche Zeitschnipsel für Selbstfürsorge herausgeschlagen. Halten wir uns immer vor Augen, dass wir es genau auf solche Zeitschnipsel abgesehen haben.

Mittlerweile gibt es schon Apps, die uns zeigen, wie viel Zeit wir mit unseren Smartphones verbringen. Sollte es in unserem Fall viel zu viel sein, dürfen wir uns aber nicht beschämt oder schuldig fühlen. Es gibt nicht die eine richtige Facebook-Dosis. Jeder muss für sich selbst herausfinden, wir viel Zeit er in sozialen Medien verbringen will. Für manche Menschen sind sie das einzige Fenster zur Außenwelt. Vielleicht brauchen wir sie auch für unsere Arbeit, oder sie unterstützen uns bei etwas. Soziale Medien helfen uns, bei den Nachrichten auf dem neuesten Stand zu bleiben, dazuzulernen oder uns von unseren Erfolgsteams, mit denen wir uns über unsere jeweiligen Ziele austauschen, auf die Finger sehen zu lassen. Es geht hier nicht darum, sich selbst zu geißeln, sondern darum, sich ein genaues

Bild davon zu machen, wofür man seine Zeit verwendet – und dann umzuschichten, sofern man das *will*. Sollte Zeit in den sozialen Netzwerken für uns Selbstfürsorge bedeuten, weil wir uns danach besser, genährt, getröstet und energiegeladen fühlen, dürfen wir diesen Schritt komplett überspringen.

Stempeln Sie sich aus –
körperlich und geistig

Viel Zeit verschwindet auch im Graubereich zwischen Arbeits-
und Freizeit. Die heute allgegenwärtige Forderung nach »Work-
Life-Balance« kann uns schnell das Gefühl vermitteln, versagt
zu haben. Dabei ist Balance kein stabiler Zustand; alles befindet sich im Fluss und muss ständig austariert werden, und nicht
immer läuft alles wie geplant. Es gibt keine seelische oder geistige Tür, die wir beim Verlassen des Arbeitsplatzes einfach schließen können. Umgekehrt vergessen wir während der Arbeit ja
auch nicht unsere Familie. Arbeits- und Privatleben verschwimmen – insbesonde dann, wenn wir unseren Job lieben, von zu
Hause aus arbeiten, flexible Arbeitszeiten haben oder uns ver-
pflichtet fühlen, rund um die Uhr verfügbar zu sein.

Für sich genommen, stellt das kein Problem dar. Ein Problem wird daraus erst, wenn sich unsere Arbeitszeit regelmäßig
in die Freizeit frisst und an der Zeit knabbert, die für Erholung,
Spiel und Spaß vorgesehen ist.

Ziehen Sie unscharfe Grenzen nach

Wenn wir das Gefühl haben, all die verschiedenen Elemente und Menschen in unserem Leben würden verschwimmen, liegt das wahrscheinlich an unscharfen Grenzen, unseren eigenen und fremden.

Wir alle haben unsere Grenzen, auch wenn wir uns dessen vielleicht nicht bewusst sind – körperliche, emotionale und geistige Grenzen, mit denen wir uns und unserer Umwelt anzeigen, was wir zulassen und was nicht. Sie beeinflussen unser eigenes Verhalten und signalisieren anderen Menschen, welches Verhalten wir uns gegenüber erwarten. Grenzen sind mächtig, sie beschützen uns und geben den Ton für alle privaten wie beruflichen Beziehungen vor – seien sie gesund oder weniger gesund.

Wir erleben täglich Grenzen, in allem, was wir tun. Grenzen legen zum Beispiel fest, dass wir nicht einfach das Eis eines Passanten probieren oder uneingeladen in ein fremdes Haus hineinspazieren und uns ein Bad einlassen dürfen. Wir machen auch die Erfahrung, dass an Grenzen gerüttelt wird, etwa von Chefs, die regelmäßig rasche Antworten auch außerhalb der Arbeitszeiten verlangen oder unrealistische Ziele und Termine vorgeben. Kein Mensch würde einem Wildfremden auf der Straße über den Bauch streicheln – nur bei Schwangeren halten manche Leute das für absolut akzeptabel (ist es übrigens nicht, fragen Sie gefälligst um Erlaubnis).

Nur wir haben das Recht, unsere Grenzen festzulegen. Und wir haben auch die Verpflichtung, sie klar zu kommunizieren und zu verteidigen. Gelegentlich spüren wir die Verärgerung anderer, wenn wir auf unseren Grenzen bestehen. Oder wir ärgern uns, wenn andere auf ihre Grenzen pochen. Grenzen gelten für beide Seiten. Wir müssen die Grenzen anderer Leute ebenso respektieren, wie sie unsere respektieren müssen.

Wir wissen, dass unsere Grenzen verletzt worden sind, wenn wir uns wie eine Flipperkugel fühlen, die hin- und herschießt, vor und zurück, getrieben von fremden Wünschen, Bedürfnissen und Ansprüchen. Wir fühlen uns ausgenutzt, manipuliert, als stünde uns das Wort »Trottel« auf die Stirn geschrieben. Wir haben das Gefühl, alle anderen trampelten auf uns herum, und das ärgert, frustriert, verwirrt und nervt uns.

»Nur wir haben das Recht, unsere Grenzen festzulegen. Und wir haben auch die Verpflichtung, sie klar zu kommunizieren und zu verteidigen.«

Stabile Grenzen bedeuten, dass man nicht mehr aus reinem Pflichtgefühl (»Eigentlich sollte ich«) Ja sagt und dass man Nein sagt, wenn man Nein meint. Solange wir selbst nicht wissen, wo unsere Grenzen verlaufen, können wir nicht von anderen erwarten, dass sie sie einhalten. Wir müssen schon selbst klarmachen, wo bei uns Schluss ist, was wir akzeptieren und was nicht.

Genauso wie Grenzen schützen, können sie mitunter auch trennen. Grenzen können unscharf sein, umgekehrt aber auch zu eng. Wenn unsere Grenzen eher einer Festung gleichen, merken wir das daran, dass wir uns missverstanden, einsam oder isoliert von unserer Umwelt fühlen. Die Wände, die wir zu unserem Schutz hochgezogen haben, um die anderen draußen zu halten, fühlen sich dann wie Gefängnismauern an.

Grenzen ermöglichen uns, unsere Individualität zu bewahren, unsere Bedürfnisse deutlich zu vermitteln, unsere Meinung zu ändern und so zu leben, wie es unserem Wesen entspricht.

Sie schaffen den Raum, den wir zur Weiterentwicklung, zur Erholung und zur Erfüllung unserer Bedürfnisse brauchen. In ihrem Schutz können wir Zeit für die Dinge freischaufeln, die uns am Herzen liegen.

Schluss mit Multitasking!

Wir betrachten Multitasking als hohe Kunst und sind sehr stolz auf uns, wenn wir den Bogen raus zu haben glauben.

Es verspricht uns goldene Zeiten aufgeräumter Posteingänge, abgearbeiteter To-do-Listen und entspannender Pausen, in denen wir uns zurücklehnen und ausruhen dürfen, stolz auf unsere tolle Effizienz.

Doch ich habe schlechte Nachrichten, Leute: Multitasking funktioniert nicht.

Waaaas?!

Inzwischen ist wissenschaftlich erwiesen, dass wir niemals wirklich mehr als eine Sache gleichzeitig erledigen können. Unsere Gehirne schaffen das einfach nicht. Stattdessen pendeln sie blitzschnell zwischen den verschiedenen Aufgaben hin und her. Das ist unheimlich ermüdend – wir alle kennen das Matschbirnen-Gefühl – und nicht mal effektiv. Auch das ist belegt: Wir arbeiten produktiver, sprich: schneller, wenn wir eine Sache nach der anderen erledigen. Mit dem Versuch, mehrere Dinge gleichzeitig zu tun, quälen wir nur unser Hirn und rauben ihm seine Energiereserven. Wir überlasten und überhitzen unsere Denkschaltkreise, setzen uns unnötig unter Druck und erzeugen uns Stress.

Tief im Inneren wissen wir ohnehin, dass Multitasking nicht funktioniert. Am Ende unserer Arbeitstage stellt sich ja nie das versprochene Gefühl ein, alles geschafft zu haben. Nein, wir verlassen das Büro kaputt und frustriert, weil unsere To-do-

Liste im Lauf des Tages länger statt kürzer geworden ist. Nachts schlafen wir dann nicht müde und erfüllt von dem Gefühl, eine Menge erledigt zu haben, ein. Stattdessen verfolgen uns all die Dinge, die tagsüber liegen geblieben sind. Wir sind erschöpft, aber aufgedreht; wir fühlen uns genau in der Phase ruhelos, in der wir dringendst Schlaf bräuchten.

Vielleicht glauben wir angesichts einer ellenlangen To-do-Liste gelegentlich, jetzt helfe nur noch Multitasking. An diese Denke haben wir uns gewöhnt, und unser Kopf hasst Veränderungen. Multitasking hasst er aber auch. Wie kommen wir aus dieser Zwickmühle heraus?

Doch keine Sorge, es gibt einen Ausweg. Es gibt immer einen Ausweg. Erstens können wir all die Aufgaben über Bord werfen, die wir nur aus falsch verstandenem Pflichtgefühl übernommen haben, die Aufgaben, die sich über unsere schlecht verteidig- **»Multitasking funktioniert nicht.«** ten Grenzen geschmuggelt haben.

Wir wissen genau, welche das sind: die Pflichten, die uns schwer im Magen liegen und aus denen wir uns herauszuwinden versuchen. Wir haben das Recht, unsere Meinung zu ändern, selbst zu wählen und die richtigen Entscheidungen für uns und unsere Familie zu treffen.

So! Jetzt haben wir es hoffentlich geschafft, mehr Zeit für uns freizuschaufeln, indem wir früher aus dem Büro gehen und weniger Zeit am Smartphone hängen.

Außerdem können wir Zeit sparen, indem wir Aufgaben stapelweise bearbeiten, also ähnliche Aufgaben zusammenlegen und direkt hintereinander erledigen. Wir betreiben sozusagen Singletasking.

Unbewusst wenden wir diese Methode schon längst an: Niemand putzt erst einen Zahn und später dann den nächsten Zahn. Nein, wir putzen alle Zähne direkt nacheinander. Wir gehen nicht wegen jedem Käse einzeln zum Supermarkt, sondern machen gleich einen Großeinkauf für mehrere Tage.

Singletasking hilft auch gegen Entscheidungsmüdigkeit: Wenn man gleich für die ganze Woche vorausplant (und sogar vorauskocht), muss man nicht mehr jeden Tag neu über die Essensfrage nachdenken. Mit der Bürokleidung für die kommende Arbeitswoche funktioniert das genauso. Oder mit Hausarbeiten, Erledigungen, Banking, dem Einkauf von Glückwunschkarten, dem Beantworten von E-Mails und Benachrichtigungen in den sozialen Medien. Singletasking spart Zeit und nimmt dem Gehirn viele Entscheidungen ab.

Bestehen Sie auf Selbstfürsorge

Manche Dinge machen wir einfach nicht – selbst dann nicht, wenn unser Leben davon abhinge. Diese roten Linien sind Ausdruck unserer Grundüberzeugungen. Kein noch so geschickter Unterhändler könnte uns von diesen Positionen abbringen, wir lassen mit uns nicht darüber verhandeln. Allein der Gedanke, eine dieser Linien könnte überschritten werden, entsetzt uns.

Doch in Wirklichkeit verbiegen wir uns dauernd und erlauben, dass unsere roten Linien missachtet werden. Etwa bei unserer Gesundheit: Tag für Tag enthalten wir uns die nötige Erholung vor, die wir von den Belastungen des Lebens bräuchten. Wir betreiben solchen Raubbau an uns, dass irgendwann alle Energievorräte verbraucht sind. Wir stellen unsere Bedürfnisse zurück, verschieben ihre Erfüllung auf ein »Irgendwann«. Aber dieses »Irgendwann« kommt nie, es ist eine Fata Morgana, eine optische Illusion, eine Lüge, die wir glauben. Erst wenn das Leben uns mit einem Karateschlag zu Boden gestreckt hat, fällt der Groschen. Dann und erst dann greifen wir zur Selbstfürsorge.

Dabei würden wir Dinge, die uns am Herzen liegen, niemals derartig nachlässig behandeln. Woraus folgt, dass wir uns selbst offenbar nicht besonders schätzen. Dabei ist es doch so: Wir zählen, weil alle anderen auch zählen. Wir verdienen es ebenso sehr, zu leben, zu lachen und zu lieben wie jeder andere. Unsere Persönlichkeit lässt sich nicht gegen eine andere austauschen, es hilft also nichts: Wir müssen die Ärmel hochkrempeln, das meiste aus uns machen und uns so akzeptieren, wie wir sind.

Wir mögen uns auf unbekanntes Terrain hinauswagen, aber Selbstfürsorge ist nicht verhandelbar, und zwar deswegen: Sie verscheucht Krankheiten von unserer Tür, vereinfacht das Leben, verhindert, dass wir uns aufopfern, bringt Licht ins Dunkel und Erholungspausen ins ständige Weiter-weiter-Weiter. Selbstfürsorge ist unsere Kur von den Strapazen des Lebens. Wir geben uns selbst die Erlaubnis aufzublühen, wieder die Kontrolle zu übernehmen, den Burnout zu vertreiben, Fehlentwicklungen zu korrigieren, uns selbst wieder lieb zu gewinnen, Stress abzubauen, Träume zu nähren, Energien umzulenken und uns entschlossen von jedem »Sollte«, »Könnte« und »Aber« zu verabschieden.

Wir alle verdienen eine große Portion Selbstfürsorge.

Machen Sie jeden Tag zu einem Selbstfürsorge-Tag

Taten sagen mehr als tausend Worte. Deshalb können unsere Selbstfürsorge-Maßnahmen auch die Gedanken übertönen, dass wir unwürdig und unwichtig seien. Positive und bewusste Taten ersticken diese negativen Gedanken und Gefühle irgendwann.

Wir kultivieren die neue Gewohnheit auf unaufdringliche Weise, indem wir jeden Tag zum Selbstfürsorge-Tag machen. Wir versuchen gar nicht erst, ganze Stunden für Selbstfürsorge freizuschaufeln (*noch* nicht, aber was nicht ist, kann ja noch werden, oder?). Wir nutzen winzige Augenblicke, um in uns hineinzuhorchen und herauszufinden, wie wir uns fühlen und wie es um unsere Energie steht, und handeln dann entsprechend. Selbstfürsorge hat ebenso sehr mit »Sein« zu tun wie mit »Tun«. Wenn wir genug Raum haben, um zu sein, erkennen wir deutlicher, was wir tun müssen, um uns besser zu fühlen.

Deswegen ist das Hashtag #365daysofselfcare auch so mächtig. Es handelt sich um ein cleveres kleines Hashtag, das Leute – vor allem auf Twitter und Instagram – verwenden, die sich für jeden einzelnen Tag des Jahres einen Akt der Selbstfürsorge vorgenommen haben. Unter dem Hashtag findet sich ein Füllhorn von Selbstfürsorge-Ideen – und eine Community von Leuten, die einander unterstützen. Es bietet eine tolle Möglichkeit, die eigenen Fortschritte zu verfolgen und sich selbst zu binden. Die Beiträge unter dem Schlagwort illustrieren schön, wie verschiedenartig unsere Bedürfnisse sind, und liefern Ideen für Selbstfürsorge-Experimente.

Wer Zeiten der Selbstfürsorge in seinen Tag einplant, sieht Hindernisse früher kommen, die ihn vom Kurs abbringen könnten. Die reservierten Zeiten sind keine Puffer, die notfalls auch für Hausarbeit und andere Aufgaben genutzt werden dürfen, sondern streng der Selbstfürsorge vorbehalten – wie immer die in unserem Fall auch aussehen mag.

Welche Maßnahmen zur Selbstfürsorge machen Ihnen Freude?

1

2

3

4

5

Wie räumen Sie sich Zeit dafür ein?

1

2

3

4

5

Schnell! Schreiben Sie sie gleich in Ihren Kalender.

Planen Sie Ihren perfekten Selbst-fürsorge-Tag – jeder Sonnenstrahl steht für eine Stunde.

TAGESPLAN

Zu erledigen
- ○
- ○
- ○
- ○
- ○
- ○

Getränke
◊ ◊ ◊ ◊ ◊ ◊ ◊

Schlaf

Das Beste:

Das Schlimmste:

Maßnahmen zur Selbstfürsorge:

GESAMTGEFÜHL

8. Kapitel: Unterstützung von außen

»Es spielt eine große Rolle, mit wem wir uns umgeben.«

Was oft übersehen wird: Der Erfolg unserer Selbstfürsorge hängt auch davon ab, mit welchen Menschen wir uns umgeben. Sie beeinflussen unser Leben, wir beeinflussen ihr Leben, und wenn wir niemanden haben, leiden unsere Gesundheit und unser Glück.

Unsere Ansichten, Gedanken, Überzeugungen, Gefühle und Handlungen werden – sowohl direkt als auch indirekt – von unserem Umfeld geprägt. Und der Einfluss muss nicht unbedingt positiv sein. In Gesellschaft anderer Menschen verhalten wir uns anders, als wenn wir allein sind: Wir versuchen, uns in die Gruppe einzufügen.

Wir assoziieren Begriffe wie Gruppendruck und Gruppenzwang ja gern mit Teenagern, die einander zu haarsträubenden Dingen anstacheln. Dabei übersehen wir aber, dass auch in unserem späteren Leben Gruppendruck durchaus weiter eine Rolle spielt. Wir werden nie zu alt dafür, nie immun dagegen. Gruppendruck ist ein wesentlicher Bestandteil unseres Lebens – ob wir ihn nun bewusst wahrnehmen oder nicht.

Während unserer Schulzeit verbringen wir viel Zeit mit unseren Freunden, sowohl in der Schule als auch nach dem Unterricht. Als Heranwachsende kennen wir neben der Schule eigentlich keine Verpflichtungen, wir können unsere gesamte Freizeit also unseren Freunden widmen (sowie den körperlichen und seelischen Turbulenzen auf unserem Weg zum Erwachsensein). Unsere Pfade verlaufen dabei weitgehend parallel zu denen unserer Mitschüler, wir machen ähnliche Erfahrungen: Wir sitzen nebeneinander in der Klasse, machen die gleichen Hausaufgaben, hören ähnliche Musik, lesen ähnliche Zeitschriften und Bücher, büffeln für die gleichen Prüfungen, durchlaufen gemeinsam die Pubertät und den Prozess der Selbst-Entdeckung. Wir stecken eine Menge Zeit, Energie und Hingabe in diese Freundschaften. Wir räumen ihnen Priorität ein, wir erhalten und pflegen sie.

Fünf, zehn, fünfzehn Jahre später sind wir erwachsen, und die meisten alten Freundschaften sind eingeschlafen. Unsere Lebenswege haben sich getrennt. Äußere Umstände machen es uns schwerer, alte Freundschaften zu pflegen, und nicht jede übersteht das. Als Erwachsene müssen wir deutlich mehr Verantwortlichkeiten unter einen Hut bekommen, alles Mögliche erhebt Anspruch auf unsere Zeit: Partner, Job, Kinder, Haustiere, Krankheiten, Scheidungen. Dazu kommt oft noch die räumliche Distanz zu Freunden aus vergangenen Zeiten. Wir haben erheblich weniger Zeit für diese Freundschaften, und wenn uns wir nicht bewusst um sie kümmern, bleiben sie auf der Strecke.

Dabei spielt es eine große Rolle, mit wem wir uns umgeben. Denn Freunde machen den Kern unserer Hilfstruppen aus. Damit meine ich jenes komplexe Geflecht von Leuten, mit denen wir freiwillig Umgang pflegen. Die uns helfen und denen wir helfen.

Unser Umfeld ist deshalb wichtig, weil ein Gruppendruck besteht: Menschen können uns aufbauen, inspirieren, ermutigen, anfeuern und uns helfen, unsere Ziele zu erreichen. Umgekehrt können Menschen uns bremsen, sabotieren, herunterziehen oder auslaugen, indem sie uns in Konflikte, Rivalitäten und Dramen verwickeln. Menschen spielen eine Rolle, weil sie unsere Entscheidungen, Taten, Gedanken und Gefühle beeinflussen – und zwar viel stärker, als wir vielleicht glauben. Unser Erfolg in Sachen Selbstfürsorge – und in anderen Bereichen – steht und fällt mit den Menschen um uns herum.

Einige Schlüsselpositionen können sein:

Der Mutmacher

Wir alle brauchen einen Mutmacher im Leben: einen lieben Menschen, der mit seinen Pompons wedelt, uns anfeuert, zu uns hält und unerschütterlich an uns glaubt. Er versteht, was für uns wichtig ist, teilt unsere Träume und vermittelt uns das Gefühl, wir könnten alles schaffen.

»Unser Erfolg in Sachen Selbstfürsorge – und in anderen Bereichen – steht und fällt mit den Menschen um uns herum.«

Wenn wir von Selbstzweifeln zerfressen all die Gründe aufgezählt haben, warum wir etwas nicht schaffen, geht er mit uns freundlich all *die* Gründe durch, warum wir es schaffen können und werden. Seine Energie und sein Optimismus sind ansteckend, Begegnungen mit ihm richten uns auf, geben uns Schwung und stärken unser Selbstbewusstsein. Danach trauen wir uns alles zu.

Der Mutmacher ist der Erste, der unsere Erfolge mit uns feiert, aber genauso auch in dunklen Stunden zu uns eilt, um uns Hoffnung und Mut zu machen.

Der Inspirator

Der Inspirator motiviert uns dazu, uns zu behaupten und für unsere Überzeugungen einzustehen. Er entfacht das Feuer in unserem Herzen, das uns antreibt, etwas zu unternehmen. Dieses »Etwas« kann alles Mögliche sein: unseren Träumen zu folgen, uns durch schwere Zeiten durchzubeißen, uns zu engagieren, zu wählen, Petitionen zu starten, zu schreiben, wir selbst zu sein und zu tun, was immer wir tun wollen.

Inspirierende Menschen reißen uns mit ihrer Energie unwiderstehlich mit. Sie brechen nicht nur durch gläserne Decken, sie pulverisieren sie. Hindernisse? Pah! Plan? Wer braucht schon einen Plan? Ein Inspirator bahnt sich seinen eigenen Weg, lässt sich nicht in Schubladen stecken oder mit Etiketten versehen. Als Freund lässt er uns großzügig an seinen Erfahrungen teilhaben, er redet Schwierigkeiten nicht klein und erklärt gern, wie man sie überwindet. Inspiratoren scheinen mit sich im Reinen, weil sie ihre Schwächen akzeptieren – sie sind sich ihrer bewusst und reden auch gern darüber –, sich von ihnen aber nicht aufhalten lassen.

Der Clown

Der Clown ist ein lustiger, fröhlicher, schräger Freund, der uns wie eine Hyäne lachen lässt. Mit ihm zusammen verfliegt die Zeit nur so, und hinterher fühlen wir uns leichter und haben Seitenstechen vom vielen Lachen. Der Clown bringt unseren Humor wieder zum Vorschein, gibt uns Rückhalt und erfreut uns mit seinem Geplänkel und seinen Scherzen.

Ein solcher Freund ist keineswegs oberflächlich, er sieht nur die lustige Seite des Lebens deutlicher. Wir fühlen uns in seiner Gegenwart sicher, weil wir wissen, dass er mit seinem Humor keine Grenzen überschreitet; er wird uns nie zum Ziel seines Spotts machen und nur *mit* und nicht *über* uns lachen. Lachen ist ein Lebenselixier, und es fließt in Strömen, wenn wir mit diesem Freund zusammen sind. Das Lachen ist nie gezwungen – der Clown muss nicht mal versuchen, lustig zu sein, er ist es einfach. Und in seiner Gegenwart fühlen auch wir uns witziger.

Der Einfühlsame

Er versteht »es« einfach, egal, was »es« ist. Er gibt uns das Gefühl, uns zuzuhören, uns zu verstehen und mit uns zu fühlen. Er lacht und weint mit uns, er hat ein angeborenes Geschick, sich in unseren Schmerz hineinzuversetzen.

Wir wissen, dass wir Zeit mit einem einfühlsamen Zuhörer verbracht haben, wenn wir uns rückhaltlos geöffnet, von unseren wunden Punkten und Schmerzen gesprochen und eine innige Verbindung gespürt haben. Der Einfühlsame urteilt nicht und kritisiert nicht. In seiner Gegenwart fühlen wir uns, als seien wir in eine riesige Daunendecke eingehüllt; wir fühlen uns sicher, bestätigt und gehalten.

Mit seiner wunderbaren Feinfühligkeit erkennt er auch, wann er den Advocatus Diaboli, den Advokaten des Teufels, geben und uns eine neue Perspektive eröffnen muss.

Der Hinterfrager

Wir sind für unser Tun vollkommen selbst verantwortlich, aber wenn wir unseren Freunden von unseren Zielen erzählen, können sie uns helfen, auf Kurs zu bleiben. Der Hinterfrager tut sein Bestes, um uns bei der Stange zu halten. Beschleicht ihn das Gefühl, wir würden schwächeln, hinterfragt er unsere Taten und Entscheidungen. Er stellt genau die richtigen Fragen und hilft uns damit weiter, wenn wir uns selbst im Weg stehen. Wir vertrauen diesem Freund blind und zählen auf seine Verschwiegenheit.

Äh …
Moment mal …
Und was ist mit denen, die allein, einsam und ohne Freunde sind?

Schließlich ist es gar nicht so einfach, Freunde zu finden und zu halten. Vielleicht haben wir uns schon immer schwer damit getan, locker mit anderen auszukommen, vielleicht sind alte Freundschaften eingeschlafen, vielleicht haben wir Freunde verprellt. Und vielleicht ließe sich die eine oder andere Freundschaft noch retten, wenn nur jemand den ersten Schritt unternehmen würde. Womöglich haben auch psychische Probleme dafür gesorgt, dass wir uns von Freunden zurückgezogen haben, oder sie haben die Kluft deutlicher zutage treten lassen, die sowieso schon bestand. Vielleicht sind unsere Freundschaften einfach zu Bekanntschaften verblasst.

Gelegentlich fühlen wir uns desorientiert, einsam und isoliert. Mögliche Gründe dafür gibt es zuhauf: Wir sind möglicherweise weit von zu Hause weg, eine Beziehung ist in die Brüche gegangen, wir befinden uns inmitten eines stürmischen Konflikts, verlieren den Arbeitsplatz, arbeiten von zu Hause aus, unsere Mobilität ist eingeschränkt, oder wir sind krankheitsbedingt emotional isoliert.

Das Gefühl der Einsamkeit kann uns beschleichen, wenn wir lange niemanden mehr getroffen oder gesprochen haben. Doch auch inmitten von Menschen kann man sich einsam fühlen, insbesondere wenn man sich unverstanden oder ungeliebt fühlt. Allein zu sein und einsam zu sein sind zweierlei Dinge. Manchmal brauchen und genießen wir unsere Freiräume. Doch Einsamkeit tut weh, egal, ob sie nur vorübergehend oder situationsbedingt ist oder länger anhält. Sie tut verdammt weh. Einsamkeit ist quälend und schmerzhaft, weil sie negativen Gedanken Nahrung gibt, die sich daraufhin vermehren wie Karnickel – gemeinen Gedanken, die uns einflüstern, wir seien hoffnungslose Fälle, hilflos, nicht liebenswert, irgendwie verkehrt und niemand würde uns vermissen, wenn wir verschwinden würden.

Ohne einen Mitstreiter, ohne jemanden, der unser negatives Selbstbild zurechtrückt, geraten wir in einen Teufelskreis, und die seelische und körperliche Gesundheit leidet. Irgendwann fängt die Anwesenheit anderer Menschen an, uns nervös zu machen. Wir überlegen uns zweimal, ob wir uns auf sie einlassen, und gehen Menschen aus dem Weg – überzeugt davon, wir hätten ihnen nichts zu bieten. Gleichzeitig fühlen wir uns immer unbeholfener, fürchten uns vor Zurückweisung und zweifeln an unseren sozialen Fähigkeiten. Unser bereits angeknackstes Selbstbewusstsein schwindet dahin, wir ziehen uns immer weiter von der Welt zurück. Ein Teufelskreis.

Meist machen wir es uns nicht bewusst, doch chronische Einsamkeit schadet der Gesundheit. Wir gedeihen, wenn wir uns geborgen, eingebunden und gesehen fühlen. So sind wir nun einmal verdrahtet. Fehlen uns die nötigen sozialen Kontakte, leidet unsere Gesundheit. Einsamkeit schmälert die kognitiven Fähigkeiten, verkürzt das Leben, belastet das Immunsystem, beeinträchtigt den Schlaf und erhöht das Risiko für stressbedingte Krankheiten. Erschreckend!

Es braucht eimerweise Mut, Güte sich selbst gegenüber und Disziplin, um diesen Teufelskreis zu durchbrechen. Aber es gibt Dinge, die wir dafür tun können. Niemand verdient es, allein zu sein, auch wenn eine gemeine innere Stimme Ihnen genau das einflüstert. Die sicherste Methode, sich weiter im Teufelskreis zu drehen, besteht darin, die Schuld nur bei sich selbst zu suchen und sich dafür zu verdammen. Dabei wünschen wir uns doch nur, endlich daraus auszubrechen. Hier sind einige Tipps dafür, wie uns das gelingen kann:

Finden Sie Leute, die Ihre Hobbys teilen

Wir finden leichter Kontakt zu Menschen, mit denen uns gemeinsame Interessen verbinden. Mit ihnen ersparen wir uns einen Großteil des üblichen Smalltalks, wir müssen also keine großen Konversationskünstler sein. Clubs und Foren gibt es für wirklich jedes Hobby – sei es auch noch so ausgefallen. Egal, ob wir ein altes Hobby wieder aufnehmen, das uns früher Spaß gemacht hat, oder ein neues ausprobieren wollen: Vereine, Gruppen und Kurse bieten eine fantastische Möglichkeit, schnell neue Bekannte zu finden und auf der Basis gemeinsamer Interessen Freundschaften aufzubauen.

Schaffen Sie sich ein Haustier an

Legen Sie sich einen Hund oder eine Katze zu, wenn das möglich ist und Sie die Verantwortung nicht scheuen. Haustiere lindern Einsamkeit gleich doppelt: Erstens schenken sie uns bedingungslose Liebe, und zweitens bringen sie uns ganz automatisch mit anderen Tierhaltern ins Gespräch. Sollte ein eigenes Haustier für Sie nicht infrage kommen, können Sie auch anbieten, den Hund eines Nachbarn auszuführen. Oder Sie sehen auf einer Dogsharing-Webseite nach, ob ein Hundehalter in der Nähe sich über ein wenig Entlastung freuen würde.

Nutzen Sie die verbindenden Elemente der sozialen Medien

Facebook & Co. mögen ein Fenster zur Welt da draußen bieten, können unser Gefühl von Isolation aber verstärken und uns noch weiter runterziehen. Zeit in den sozialen Netzwerken zu verbringen, kann Selbstfürsorge bedeuten – oder das glatte Gegenteil, je nachdem, wie wir uns hinterher fühlen.

Das Tolle an den sozialen Medien ist ja, dass sie uns die totale Kontrolle überlassen: Wir können uns nach Belieben ein- und wieder ausklinken. Wir können Menschen folgen, die unsere Interessen teilen, und mit ihnen interagieren. Manchmal fällt es uns leichter, im Internet mit Wildfremden über etwas zu reden als mit unseren eigenen Freunden. Auf Facebook haben sich die verschiedensten Menschen mit ähnlichen Problemen zusammengefunden, um sich gegenseitig zu unterstützen; es gibt zum Beispiel Gruppen für Einsame, für Menschen mit psychischen Erkrankungen oder für Trauernde.

Schließen Sie sich einer Meetup-Gruppe an

Meetup.com ist ein fantastisches Netzwerk von Tausenden von Veranstaltungen und Gruppen ganz in der Nähe. Egal, welchem Hobby wir frönen oder welches Problem wir haben – auf Meetup findet sich bestimmt das Richtige. Es gibt Buchklubs, Filmabende, Lauf-, Bastel-, Schreib-, Brettspiel- und Surfgruppen, Foren für politisch oder sozial Engagierte, Einsame, Schüchterne, Ängstliche, Depressive, Krebskranke … Und sollte es eine Gruppe, die wir brauchen, noch nicht geben, gründen wir sie einfach selbst.

Engagieren Sie sich ehrenamtlich

Überall auf der Welt suchen Organisationen händeringend nach Freiwilligen, und durch ehrenamtliches Engagement ermöglichen wir ihnen, mehr Menschen zu helfen. Aber auch wir selbst profitieren davon: Wir machen neue Erfahrungen, erlernen neue Fähigkeiten, fühlen uns nützlich, pflegen Freundschaften, eröffnen uns neue Karrierechancen und stärken unser Selbstbewusstsein.

Beginnen Sie einen Blog

Ein Blog ist unsere ganz persönliche Nische im Internet. Wir allein entscheiden, was wir schreiben, wann wir schreiben und wie viel Kreativität wir hineinstecken. Blogs lassen sich kostenlos und ganz einfach einrichten. Es gibt Blogs zu allen möglichen Themen – wir müssen lediglich entscheiden, worüber wir schreiben wollen, und los geht's. Blogs können ein Forum für unsere Gedanken darstellen. Ähnlich einem Tagebuch können wir in ihnen unsere Fortschritte in Bezug auf ein persönliches Ziel oder ein Hobby schildern. Ein Blog kann auch einfach eine Sammlung unserer liebsten Dinge sein. Es vermittelt ein Gefühl von Stolz, etwas aufzubauen, das einem wichtig ist. »Schreib nur, und die Leute kommen ganz von selbst«, dieses Motto der Blogger-Gemeinschaft stimmt noch immer. Es gibt da draußen tatsächlich Leute, die sich für das interessieren, was wir zu sagen haben. Blogs sind eine tolle Methode, Gleichgesinnte zu finden, eine eigene Gemeinschaft aufzubauen und mit Menschen aus aller Welt zu kommunizieren.

Wer zieht Sie rauf?

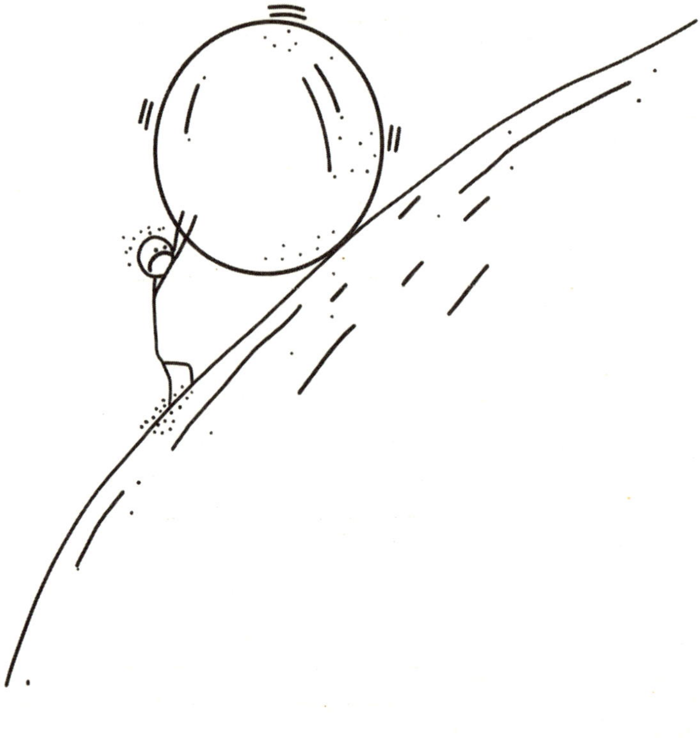

Was fehlt? Welche Hilfe brauchen Sie?

_____
_____
_____

_____
_____
_____

_____
_____
_____

_____
_____
_____

9. Kapitel: Motivation für zwischendurch

»Die Motivation aufrechtzuerhalten, ist ein niemals endender Prozess.«

Juhuu, wir beherrschen diese Selbstfürsorge-Kiste! Wir halten sie schon wochenlang durch und gehen beschwingt durchs Leben. Es scheint uns unfassbar, wie lange wir damit gewartet haben. Wir sind siegestrunken und stolz.

Und dann wachen wir eines Tages auf und knallen ohne ersichtlichen Grund gegen eine Betonwand. Die Flitterwochen sind definitiv vorbei. Wir verlieren den Mut. Das flaue Gefühl im Magen ist zurück und bringt unsere sorgfältig ausgeklügelten Pläne durcheinander.

Selbstfürsorge wird wieder zur Herausforderung.

Oh.

Das haben wir nicht kommen sehen ...

Schwung oder Motivation ist eine wunderbare Sache. Solange wir motiviert sind, fühlen wir uns energiegeladen, tatendurstig, inspiriert, begeistert und erfüllt. Alles, was wir mit großem Schwung anpacken, läuft fast von selbst.

Doch irgendwann versickert die anfängliche Euphorie, und dann sieht alles ganz anders aus.

Wie ein glitschiger Aal hat sich die Motivation aus unseren Händen gewunden. Das kommt vor. Unsere Motivation ist einem ständigen Auf und Ab unterworfen. Das Leben kommt uns dazwischen, und das bedeutet, dass wir unsere Motivation ständig wieder neu ankurbeln müssen. Unser anfänglicher Schwung kommt uns abhanden, die Leidenschaft verlässt uns, und wir fühlen uns frustriert und niedergeschlagen. Alles scheint wieder in den alten Trott zurückzukehren, Arme und Beine fühlen sich bleischwer an. Uns geht die Puste aus.

Doch die Analyse »Die Motivation ist weg, wir müssen sie wiederfinden« greift zu kurz. Unsere Motivation kann uns aus den verschiedensten Gründen verlassen. Darauf gefasst zu sein, ist schon ein großer Vorteil. Für den Rest brauchen wir Achtsamkeit: Wir horchen in uns hinein und fahnden nach der Ursache für unseren Durchhänger. Und dann päppeln wir unsere Motivation langsam wieder auf.

Die Motivation aufrechtzuerhalten, ist ein niemals endender Prozess. Wenn wir den Grund herausfinden, warum sie sich verabschiedet hat (auf dieses »Warum?« läuft es immer wieder hinaus), bekommen wir eine Ahnung davon, wo sie stecken könnte und wie wir sie wieder hervorlocken.

Wir sind überlastet

Wir schwanken ohnehin schon unter der Last all unserer Verpflichtungen. Würden wir darauf jetzt einfach noch Selbstfürsorge packen, ließe uns das wahrscheinlich zusammenbrechen. Nein, wir müssen etwas anderes über Bord werfen und uns aktiv Freiräume schaffen.

Motivation kann Raketentreibstoff sein, der uns zu bemerkenswerten Leistungen anspornt. Sie kann uns das Gefühl vermitteln, übernatürliche Kräfte zu haben und es mit der ganzen Welt aufnehmen zu können. Und das können wir auch, Schritt für Schritt. Motivation treibt uns voran, gibt uns diesen Extrakick, verleitet uns gelegentlich aber auch zu Übereifer. Dann packen wir zu viele Dinge gleichzeitig an, übernehmen uns – und saugen unseren Motivations-Akku in Nullkommanichts leer.

Wenn wir uns überlastet, gestresst, müde und erschöpft fühlen, hat sich die Motivation schon verkrümelt. Es wäre jetzt verlockend, sich durchzubeißen und weiter zu ackern – in der Hoffnung, dass die Motivation irgendwann zurückkommt. Doch das tut sie nur selten. Stattdessen droht ein Burnout.

Die gute Nachricht? Der Keim der Motivation ist noch vorhanden, unser Interesse ist nach wie vor wach. Aber wir sind zu hastig aus den Startlöchern gestürmt. Und jetzt hat unser Selbstbewusstsein einen Knacks erlitten.

Halten wir also inne – und sei es nur für einen Augenblick. Das ist wichtig. Atmen wir durch, werfen wir Dinge über Bord, vereinfachen wir unser Leben nach Möglichkeit, nehmen wir

Tempo heraus und geben uns die Chance, uns neu zu orientieren. Denken wir in aller Ruhe darüber nach, wie viel wir schon geschafft haben. Wir neigen dazu, immer nur nach vorn zu blicken, auf unser Ziel, aber wir freuen uns zu selten über unsere kleinen Siege unterwegs. Und kaum haben wir ein Ziel erreicht, setzen wir uns neue ehrgeizigere Ziele und hängen die Latte noch höher. Dabei ist es genauso wichtig, die eigenen Fortschritte zu feiern und sich auf die Schulter zu klopfen. Aus der Vergangenheit lässt sich viel lernen, aber nur wenn man sich die Zeit nimmt, zurückzublicken und über sie nachzudenken.

»Halten wir also inne – und sei es nur für einen Augenblick. Das ist wichtig.«

Wir haben Angst

Angst, unser alter Freund (oder Feind?), spielt uns einen Streich. Gerade, als wir dachten, wir hätten den Bogen raus, flüstert sie uns ins Ohr: »Bist du dir sicher, dass du das hier willst?« Das ist eine Fangfrage; sie steckt voller Selbstzweifel, Unsicherheit und mangelndem Selbstvertrauen.

Angst kann uns enorm motivieren, aber auch blitzschnell lähmen.

Natürlich gibt es auch seltene Augenblicke, in denen Angst unser wichtigster Verbündeter ist. Aber wann befinden wir uns schon jemals in so großer Gefahr, dass es nur noch um die Frage »Kampf oder Flucht« geht?

Solange Angst uns lenkt, werden wir von Adrenalin angetrieben, von unserem angeborenen Überlebenswillen. Vor allem wollen wir etwas *verhindern*; das spornt uns an. Diese Art der Motivation ist aber problematisch, weil sie nicht immer logisch oder durchdacht ist, sondern instinktiv und primitiv.

Natürlich kann Angst uns vor Unheil bewahren, aber oft genug steht sie uns im Weg, indem sie ganz unnötig eine Kampf-oder-Flucht-Reaktion auslöst. Angst kann uns betäuben und lähmen. Sie ist ein angeborener Mechanismus zur Einschätzung von Risiken. Die Alarmsirenen heulen los, und sofort zweifeln wir an unserem Kurs und an uns selbst.

Angst kann eine große Hürde sein und uns davon abhalten, Außerordentliches zu vollbringen. Dann schwächt sie uns vorübergehend. Auf Expeditionen in unerforschtes Terrain ist Angst ein ständiger Begleiter, der Stachel in unserem Fleisch. Sie verschwindet nie, wir müssen einfach lernen, mit ihr zu leben und ihr zu trotzen. Jeder kleine Schritt – und auf »klein« kommt es hier an –, den wir im Angesicht unserer Angst tun, macht uns ein wenig stärker.

Wir erreichen eine Gabelung

Wir gehen gelassen spazieren – und gelangen an eine Weggabelung. Wohin jetzt? Plötzlich müssen wir eine Entscheidung treffen, keine triviale, sondern eine wichtige für den Verlauf unseres restlichen Lebens.

Wo geht es weiter? Ausführlich wägen wir die Gründe ab, die für oder gegen die verschiedenen Möglichkeiten sprechen. Bis zum Gehtnichtmehr spielen wir den Advocatus Diaboli, fragen Krethi und Plethi um Rat, versuchen, noch die kleinsten Details zu bedenken – und sind immer noch wie gelähmt.

All die gesammelten Informationen helfen uns nicht weiter. Kein bisschen. Sie vergrößern unsere Zweifel und unsere Verwirrung sogar eher noch. Wir stecken fest. Die Motivation wartet mit ihrem Auftritt, bis endlich eine Entscheidung gefallen ist.

Und täglich grüßt das Murmeltier.

Wohin also? Delegieren dürfen wir die Entscheidung auch nicht, selbst wenn uns das erlaubt, einem anderen die Schuld zuzuschieben, wenn alles schiefgeht. Delegieren hieße, unnötig die Macht über das eigene Leben aus der Hand zu geben. Natürlich können wir auf die Erfahrungen und Erkenntnisse anderer Menschen hören, doch letztlich tragen wir allein die Verantwortung und müssen selbst entscheiden.

Wenn wir ewig rumeiern, liegt das oft daran, dass wir uns über das gewünschte Ergebnis nicht im Klaren sind. Im Augenblick gefangen und verwirrt, verlieren wir den Blick für das große Ganze: Welche Richtung führt uns vom Ziel weg, welche bringt uns näher ans Ziel? Welches Ziel streben wir überhaupt an? Führt einer der Wege uns dorthin?

Wenn wir uns dafür Zeit nehmen, diese Fragen zu klären, zeigt sich der Weg meist ganz von selbst. Vielleicht führt ja keine der beiden Optionen zum gewünschten Ziel. Das ist auch okay. Vorerst keine Entscheidung zu treffen, kann auch eine Entscheidung sein – solange man diese Möglichkeit bewusst wählt und den Entschluss nicht einfach nur vor sich herschiebt.

Wenn sich keine Möglichkeit richtig anfühlt, wartet vielleicht eine weitere Option darauf, entdeckt zu werden.

Wir haben uns verändert

Wenn wir anfangen, auf unsere Gefühle zu horchen (die Grundlage der Selbstfürsorge), merken wir schnell, wie flüchtig sie sind. Unsere innere Landschaft verändert sich unablässig; das erfordert von uns Flexibilität und sanfte Kurskorrekturen.

Was früher für uns gepasst hat, wird nicht immer passen. Wir verändern uns, wir wachsen und entwickeln uns weiter. Was uns früher motiviert hat, kann uns heute kaltlassen. Diese Antriebskräfte funktionieren vielleicht einfach nicht mehr.

Auf zwei Dinge können wir uns immer verlassen: Das Leben ist ein Fluss, und Veränderungen sind unvermeidlich. Jeder Tag, an dem wir von anderen – manchmal auch von uns selbst – dazu genötigt werden, die Gleichen bleiben, ist ein Tag weniger, an dem wir so leben, wie wir uns das wünschen. Wir dürfen unsere Meinung ändern, ohne uns nachsagen lassen zu müssen, wir wären sprunghaft oder unzuverlässig. Wir müssen uns nicht dafür entschuldigen, wer wir sind.

Leben ist ein Veränderungsprozess, das liegt in der Natur der Sache. Vom Tag unserer Geburt bis zu unserem Tod machen wir jeden Tag neue Erfahrungen, begegnen neuen Kulturen und Menschen, ändern unsere Ansichten und lernen ständig dazu.

Wir dürfen umdenken, neue Wege einschlagen, aus Beziehungen hinauswachsen, Meinungen und Überzeugungen über Bord werfen, die Verhaltensregeln anderer Leute ablehnen und selbst das Ruder ergreifen. Wir dürfen anders sein, nicht nur anders als die anderen, sondern auch anders, als wir es gestern waren. Wir dürfen aber auch die Gleichen bleiben – sofern wir das wollen.

Wenn uns das, was uns früher motiviert hat, heute kaltlässt, müssen wir an unserer Motivation herumschrauben und darüber nachdenken, was sich verändert hat und was sich noch ändern muss. Es gilt, unsere alten Angewohnheiten zu hinterfragen und ein neues Gleichgewicht zu finden. Das sollte eigentlich funktionieren.

Wir handeln aus den falschen Gründen

Mitunter lassen wir uns von den falschen, nämlich von fremden, Gründen motivieren. Diese Motivation lässt sich am schwersten aufrechterhalten, weil sie nicht von Herzen kommt, nicht aus unserem Innersten. Das ist so ähnlich, als wolle man einem Auto Starthilfe geben, dass keine Batterie hat: Man bringt den Motor zum Laufen, aber der nächste eigene Startversuch wird wieder erfolglos bleiben.

Diese falsche Motivation kann auf reinem Pflichtgefühl beruhen: Wir machen etwas, weil wir glauben, wir sollten (schon wieder dieses verdammte »Gesetz des ›sollte‹«) es tun. Und nicht unbedingt, weil wir es wollen.

In Sachen Selbstfürsorge unterläuft uns dieser Fehler typischerweise, wenn wir uns nicht die Zeit genommen haben, unsere eigenen Bedürfnisse zu erkunden, und einfach die Selbstfürsorge-Praktiken anderer Menschen kopieren. Wir laufen ihnen nur hinterher. Und merken gleich, dass es sich falsch anfühlt.

Im Bemühen, mit anderen mitzuhalten, machen wir deren Erfolge

»Wir dürfen umdenken und neue Wege einschlagen.«

zu unserer dünnen Richtschnur, anstatt uns darüber klar zu werden, was *für uns* zählt. Motivation ist etwas ähnlich Flüchtiges wie die Freude an materiellen Gütern, über die wir Macht, Erfolg und Status definieren.

Solange die Motivation auf Manipulation und Druck von außen beruht, fühlen wir uns fremdgesteuert, so, als lebten wir eine Lüge. Wir fühlen uns unwohl, sind voller Groll und haben keinerlei Lust weiterzumachen.

Motivation, die auf Scham basiert, ist etwas Grässliches und spielt nur unseren Ängsten und unseren gefühlten Mängeln zu. Mitunter lassen wir uns von Scham motivieren, wenn wir uns gedemütigt und minderwertig fühlen. Doch damit untergraben wir unser Selbstwertgefühl, unser Selbstbewusstsein und unser Ich-Gefühl nur noch mehr.

Gelegentlich wirkt die Motivation anderer Menschen ansteckend, und wir lassen uns von ihrem Schwung mitreißen. Doch sobald die erste Euphorie verebbt ist, möchten wir nur noch raus aus der Kiste, weil die Motivation nie wirklich aus uns selbst heraus kam.

Wenn sich die Motivation unter solchen Umständen verliert, ist das ein Warnsignal dafür, dass wir nicht mit dem Herzen dabei sind und unser Handeln nicht mit unseren inneren Werten übereinstimmt. Dann können wir geradeso gut die Reißleine ziehen.

Vielleicht sind wir deprimiert

Was ist, wenn wir uns überhaupt nicht mehr an das letzte Mal erinnern können, als wir zu irgendetwas motiviert waren? Wenn sich einfach keine Motivation einstellt, obwohl wir allen Regeln der Kunst folgen? Wenn es sich anfühlt, als würden wir durch Melasse waten? Oder als würde unser Gehirn einfach nicht mitspielen?

Depression ist eine belastende Krankheit, die alle Aspekte unseres Lebens beeinträchtigt. Zu den Symptomen, die unterschiedlich stark ausgeprägt sein können, gehören: Abgeschlagenheit, Gefühle von Hilf- oder Nutzlosigkeit, Erschöpfung, Gereiztheit, Denkschwächen, Abgestumpftheit, Desinteresse auch an Dingen, die einem früher Spaß gemacht haben, emotionale Abkapselung von geliebten Menschen, Schlafprobleme, Antriebslosigkeit, Scheu davor, ans Telefon zu gehen, die Post zu öffnen oder Entscheidungen zu treffen, veränderter Geschlechtstrieb, veränderter Appetit und endlose Gedankenschleifen, die sich gelegentlich um Selbstverletzung oder gar Selbstmord drehen.

Depression ist eine hinterhältige Krankheit, die sich in jeden Gedanken, in jede Handlung und in jede Bewegung schleicht. Sie geht weit über Traurigkeit oder kurzfristige Durchhänger hinaus. Sie bringt alle Gefühle durcheinander; Betroffene nehmen ihre Umwelt hyper-bewusst wahr und sind doch völlig taub für sie. Sie sehnen sich nach Liebe und Anerkennung, schotten sich aber ab. Ihr Gehirn wälzt unaufhörlich Gedanken und scheint dennoch nicht richtig zu funktionieren. Dinge gehen ihnen gleichzeitig unter die Haut und lassen sie kalt. Allein das Aufstehen aus dem Bett erfordert eine herkulische Anstrengung. Aufgaben, die früher auf Autopilot erledigt wurden, erscheinen nicht zu bewältigen. Das Lärmen der Welt und das Lärmen im Kopf lassen die Betroffenen von einer Stummtaste träumen. Man kann sich nicht »zusammenreißen« und die Depression überwinden, egal, wie sehr man es versucht. Es hilft auch nichts, einen Kranken durch Vorwürfe unter Druck zu setzen. So funktioniert das einfach nicht.

»Selbstfürsorge ist der Erzfeind der Depression.«

Die Kluft zwischen dem Ort, an dem sich der Betroffene befindet, und der übrigen Welt erscheint unüberwindlich.

Es fällt uns schwer, uns um jemanden zu kümmern, den wir nicht mögen. Genau darin liegt die Gemeinheit der Depression: Sie raubt uns unsere Identität und spielt uns gegen uns selbst aus. Selbstfürsorge scheint überflüssig, der Kampf ohnehin verloren.

Doch Selbstfürsorge ist ganz zweifellos der Erzfeind der Depression.

Es liegt nicht im Interesse der Depression, dass wir gut für uns selbst sorgen, denn das schmälert ihre Macht und ihren Einfluss. Wenn wir uns völlig machtlos fühlen, sind es kleine Akte der Selbstfürsorge, die uns ein Gefühl von Selbstbestimmtheit zurückgeben – wenn auch nur ganz kurz. Diese Maßnahmen zeigen der Depression, dass wir noch immer die Zügel in der Hand halten, und sei es noch so zaghaft. Sie signalisieren ihr, dass wir hier das Sagen haben.

»Mit jedem winzigen Akt der Selbstfürsorge drehen wir der Depression eine lange Nase.«

Selbstfürsorge macht der Depression klar, dass es uns trotz ihrer überwältigenden Präsenz weiterhin gibt. Eine Ansammlung vieler kleiner Maßnahmen bildet das Fundament für neue Kraft, neue Hoffnung und ein neues Ich-Gefühl. Mit jedem winzigen Akt der Selbstfürsorge drehen wir der Depression eine lange Nase und erringen einen winzigen Sieg gegen einen nur scheinbar übermächtigen Gegner.

Vergessen wir nie: Wir sind genug, so wie wir sind, selbst wenn es uns nicht gut geht. In uns steckt alles, was wir zur Überwindung einer Depression brauchen. Wir können das, und wir schaffen das. Im Schneckentempo, gewiss, aber unzweifelhaft und unaufhaltsam, ganz sicher.

Überlegen Sie: Welchen Rat
würde Ihr älteres Selbst Ihnen jetzt geben?
Schreiben Sie ihn in den Kasten.

Dieses ältere Selbst ist eine weise alte Eule.

Machen Sie eine Liste von den Dingen,
die Sie an Tagen trösten,
an denen wirklich alles schiefgeht.

◯

◯

◯

◯

◯

◯

◯

◯

◯

◯

Meine Selbstfürsorge-Erklärung

Ich verspreche:

_____

Ich vergesse nicht:

_____

Ich werde immer, insbesondere in stressigen oder
unsicheren Zeiten:

_____

_____

Ich gebe mein absolut Bestes, um:

_____

Ich bin nett zu mir. Immer.

Unterschrift: _____ .

10. Kapitel: Selbstfürsorge in Krisenzeiten

Es kommen bestimmt Zeiten, in denen das Leben uns auf die Matte wirft und wir keine Gehirnkapazität frei haben, um über Auswege nachzudenken. Hier sind einige Vorschläge für Maßnahmen zur Selbstfürsorge, die in solchen Notfällen helfen können.

Selbstfürsorge, wenn wir Behaglichkeit brauchen

Es heißt, Magie ereigne sich außerhalb unserer Komfortzone. Doch was ist mit der Magie, die innerhalb unserer Komfortzone zu finden ist?

Manchmal, wenn wir leiden, um einen geliebten Menschen trauern oder sehr viele Veränderungen außerhalb unserer Komfortzone angestoßen haben, ist unsere Komfortzone genau der richtige Ort für uns. Eine Zeitlang zumindest.

Schließlich spricht ja einiges für die tröstliche, beruhigende Sicherheit der Komfortzone. Verlassen wir die Tretmühle des Lebens für einen Augenblick, ruhen uns aus, entspannen uns und ziehen in aller Ruhe Bilanz. Das gibt Kraft zurück. Wir machen die Schotten dicht, hängen ein Bitte-nicht-stören-Schild an die Tür, schalten das Handy auf Flugmodus und gönnen uns eine behagliche Auszeit.

> *Rezept für eine*
> *behagliche Auszeit*

1. Wärme genießen

Wärme gehört zu jeder guten Auszeit dazu, sie beruhigt und kräftigt. Es steckt etwas ungemein Befriedigendes darin, sich mit Wärme zu verwöhnen. Wärmflaschen, ein heißes Schaumbad, Flauschdecken, Daunendecken, Kuscheltiere, frische Bettwäsche, ein heißes Getränk, warme Wollsocken und schlabbrige Pullover geben uns ein angenehmes, wohliges Gefühl.

2. Sich aus der Welt zurückziehen

Die Wirklichkeit ist nicht immer angenehm. Manchmal überwältigen uns Langeweile, Angst oder Schmerz. Der Wunsch, diesen Gefühlen kurz zu entfliehen, ist nur zu verständlich – solange wir uns dessen bewusst sind, dass wir irgendwann wieder zurück müssen. Diesen Wunsch, den Alltag hinter uns zu lassen und uns abzulenken, spüren wir alle gelegentlich. Vergessen wir unser Problem, nur eine kurze Weile, und versenken wir uns in ein Buch, in einen Film, in eine Comedy oder in ein Videospiel.

3. Geistigen Müll abladen

Block und Stift in Griffnähe erlauben uns, uns Sorgen von der Seele zu schreiben, aber auch Einfälle und Lösungsmöglichkeiten festzuhalten.

4. Backen

Der Duft selbstgebackener Leckereien, das Backen selbst, schöne Erinnerungen, das Probieren …

5. Eine behagliche Umgebung schaffen

Alles, was uns umgibt und unsere Sinne anspricht, beeinflusst unsere Stimmung. Eine behagliche Atmosphäre lässt sich mit Duftkerzen, Lichterketten, Kissen- und Raumspray, gedämpftem Licht und Blumen leicht herstellen.

6. Sich trösten lassen

Manchmal brauchen wir den Trost anderer. Wir erleichtern uns, wenn wir unsere Sorgen mit einem Vertrauten teilen – egal, ob wir einen Rat suchen oder uns nur etwas von der Seele reden wollen. Die Menschen, die uns trösten, müssen nicht unbedingt Freunde sein. Wir können auch bei einem Krisentelefon anrufen.

Selbstfürsorge, wenn alles gleichzeitig auf uns einprasselt

Wir alle kennen diese Tage, an denen man das Gefühl hat, vom Leben durch die Mangel gedreht zu werden. Aus dem einen Tag können zwei werden, drei, vielleicht eine Woche, ein Monat, ein Jahr, eine chaotische Phase, die unsere Entschlossenheit aufs Äußerste strapaziert. Alles, was schiefgehen kann, geht auch schief. Wir sind jenseits von gestresst, mit unserem Latein am Ende. Total hinüber.

Probleme zu lösen, erfordert Gehirnschmalz, Mut und Resilienz. Es fällt schwer, immer wieder aufzustehen, wieder und wieder.

Instinktiv neigen wir dazu, in solchen Zeiten stoisch weiterzuackern, aber stures Durchhalten hilft nur selten. Wir müssen auch unseren Kurs ändern.

1. Den Glauben an uns selbst stärken

Das ständige Ringen mit Problemen strengt an, es laugt uns aus. Vielleicht glauben wir aufgrund unserer Erfahrungen auch, nicht über das nötige Rüstzeug zu verfügen, um sie zu bewältigen.

Dabei haben wir es, garantiert. Jetzt, da die wirbelnden Teller außer Kontrolle geraten oder bereits zu Boden gefallen sind, fühlt es sich zwar nicht so an, aber in uns steckt alles, was wir brauchen, um diese Krise durchzustehen.

Wir haben schon harte Zeiten erlebt und überstanden, auch wenn wir das damals nicht für möglich gehalten hätten. Das Absurde an Problemen ist: Je mehr Probleme wir heute an den Hacken haben, desto selbstbewusster geht unser zukünftiges Selbst Schwierigkeiten an. Grausame Ironie des Schicksals: Indem wir Probleme meistern, steigern wir unser Selbstbewusstsein und unsere Resilienz.

2. Die Sinne anregen

Wie ein Ninja von Problem zu Problem zu eilen und sie alle zu lösen, kostet enorm viel Kraft und Gehirnschmalz. Deswegen müssen wir gelegentlich eine Auszeit von unserem Ninja-Dasein nehmen, die Tanks wieder auffüllen, Atem holen und uns erholen.

Probleme wirken oft übergroß, solange wir mittendrin stecken. Vergeblich suchen wir nach einer Lösung – die sich dann ganz von selbst ergibt, während wir etwas völlig anderes machen: das Abendessen kochen, ein Buch lesen oder duschen. Indem wir uns von einem Problem distanzieren, geben wir unserem Gehirn die Chance, es zu verarbeiten, Zusammenhänge herzustellen und eine Lösung auszuknobeln. Unsere Gehirne arbeiten für uns, wenn wir ihnen nur die Chance dazu lassen.

Gönnen wir unserem Gehirn doch eine wohlverdiente Pause, indem wir zum Beispiel auf unsere Sinneseindrücke achten. Wir können auch eine Duftkerze anzünden, nach draußen gehen und an Blumen riechen, uns ein Schaumbad einlassen, uns in Decken hineinkuscheln, einen köstlichen Snack essen, Musik hören, einen Film anschauen oder ein wenig frische Luft schnappen.

3. Die Chancen erkennen

Mitunter wirken Probleme überlebensgroß und beeinträchtigen unser Leben massiv. Unsere Gehirne ziehen das Bekannte dem Unbekannten vor. Springt uns das Unbekannte direkt ins Gesicht, erstarren wir und werden von Selbstzweifeln überwältigt.

Eine plötzliche Kündigung bedeutet auch das Ende der regelmäßigen Gehaltszahlungen, mit denen wir unsere Rechnungen begleichen. Aber vielleicht haben wir unseren Job ja sowieso gehasst, weil wir nach der Pfeife eines mürrischen Chefs tanzen oder ewig weit pendeln mussten. Womöglich ist das auch eine Chance für einen Neubeginn. Etwas Neues kann nur entstehen, wenn etwas Altes zu Ende geht.

Manchmal kommt der Durchbruch erst nach einem Zusammenbruch. Manchmal zeigen uns Katastrophen auf, was bei uns im Leben schiefläuft. Manchmal lehren uns Probleme etwas sehr Wichtiges. Manchmal müssen wir den Sturm nur aussitzen und auf das Zurückschwingen des Karma-Pendels warten.

4. Eins nach dem anderen

Wenn alles gleichzeitig über uns hereinbricht, versuchen wir kopflos, alle Probleme auch gleichzeitig zu lösen. Alles schreit nach unserer Aufmerksamkeit, und wir wissen gar nicht mehr, wo uns der Kopf steht. Wir geraten ins Schleudern.

Aus dieser Situation befreien wir uns, indem wir erst einmal unsere Gedanken, Aufgaben und Probleme sortieren. Schaufeln wir wertvolle Gehirnkapazität frei, indem wir uns alles von der Seele schreiben oder reden. Alles: Was ist dringend, was ist wichtig? Welche Probleme stellen sich? Welche Aufgaben stehen an? Was ist im Haushalt zu tun? Welche Verpflichtungen habe ich darüber hinaus? Woran fehlt es am meisten?

Auf einer leeren Seite bringen wir diese Sachen dann in eine Rangfolge, wobei Selbstfürsorge ganz zuoberst auf der Liste steht. Denn ohne Selbstfürsorge halten wir nicht durch, Selbstfürsorge gibt uns neue Kraft. Anschließend unterteilen wir diese Rangfolge in verschiedene Kategorien: dringende Angelegenheiten, wichtige Dinge, Aufgaben, die wir delegieren können, Dinge, die wir vergessen können, Dinge, aus denen wir uns herauswinden müssen, und Dinge, bei denen wir Hilfe brauchen. Und dann handeln wir entsprechend.

5. Anhalten

Anhalten erscheint uns am allerschwersten, wenn das Hamsterrad sich gerade besonders schnell dreht. Wir stehen unter unheimlichem Druck, und es widerspricht all unseren Instinkten, genau jetzt eine Pause einzulegen. Ja, das erfordert Mut. Aber gerade dann, wenn das Leben am turbulentesten ist, brauchen wir unseren klaren Verstand am dringendsten. Wir verschaffen uns einen Überblick, prüfen die Möglichkeiten und finden wieder inneren Frieden.

Selbstfürsorge für frischgebackene Eltern

Schon während der Schwangerschaft mussten wir uns die Zeit für Selbstfürsorge mühsam abknapsen, und es gibt keine schlimmeren Zeitfresser als kleine Babys. Es ist nicht zu leugnen: Als frischgebackene Eltern irren wir durch einen Dschungel von Gefühlen, Erfahrungen und Lektionen.

Aus allen Richtungen erreichen uns wohlgemeinte – und oft auch widersprüchliche – Ratschläge. Dazu kommt dieser winzige Wurm, der so total auf uns angewiesen ist – rund um die Uhr. Wir sind Anfänger und sind uns dessen schmerzlich bewusst.

Unsere Unerfahrenheit, die Bürde der Verantwortung, die schlaflosen Nächte und das ständige Gefühl, sich nur durchzuwursteln – all das strengt enorm an. Wir müssen so viel verarbeiten.

Auch wenn es schier unmöglich umzusetzen scheint: Genau jetzt ist Selbstfürsorge wichtiger denn je. Nur sie gibt uns die Kraft, diese ebenso wunderbare wie erschreckende Aufgabe zu meistern.

1. Sich selbst vergeben

Schon lange vor der Geburt machen wir uns Gedanken darüber, wie wir unsere Kinder erziehen wollen. Und meistens legen wir die Latte unserer Standards viiiiel zu hoch. Wir kalkulieren die Ringkämpfe mit dem Partner nicht ein, die Vervierfachung der Hausarbeit, die Kotze, die Windelberge, die undefinierbaren

Flecken in unserem Oberteil, die einarmigen Verrenkungen bei dem Versuch, mit dem schlafenden Baby im Arm irgendetwas zu erledigen, oder die völlig unvorhergesehenen Probleme.

Wirklich alle Eltern haben sich irgendwann einmal unzulänglich, überfordert und verzweifelt gefühlt. Wenn unsere Kinder das Laufen lernen und dabei straucheln, brüllen wir sie natürlich nicht an. Doch wenn wir als Eltern das Laufen lernen und straucheln, hauen wir uns gern in die Pfanne. Wir sind körperlich und emotional erschöpft und müssen uns in kürzester Zeit enorm viel aneignen. Da dürfen wir uns für Fehler nicht kasteien, sonst können wir nicht wachsen oder dazulernen und verschwenden unsere kostbare und knappe Energie auch noch für Dinge, die gar keine Rolle spielen. Wir geben unser Bestes, und mehr kann niemand von uns verlangen, auch wir selbst nicht.

2. Um die nötigen Freiräume bitten

Gott und die Welt wollen Neugeborene herzen und kündigen sich deshalb zu Besuch an. Dabei brauchen wir als frischgebackene Eltern nichts weniger, als uns für Gäste hübsch zu machen und das Haus aufräumen zu müssen. Wir sind kaputt und übermüdet, trotzdem sagen wir aus reiner Höflichkeit nicht Nein, wenn sich jemand anmeldet. Wir fühlen uns überfallen.

Es ist ja lieb, dass unsere Mitmenschen uns beglückwünschen und besuchen möchten. Sie freuen sich, dass es Eltern und Kind gut geht. Aber das macht die Besuche nicht weniger belastend. Ganz schwierig wird es, wenn innerfamiliäre Zwistigkeiten ins Spiel kommen.

Sollte uns das alles zu viel werden, müssen wir Grenzen ziehen. Eine Strategie lautet beispielsweise: Wir räumen all den Gästen Vorfahrt ein, vor denen wir uns ungeniert im Schlafanzug zeigen können. Das sind üblicherweise die Menschen, bei denen wir ganz wir selbst sein dürfen. Alle anderen müssen warten. Sie kommen später dran.

3. Um Hilfe bitten

Ein Sprichwort sagt, dass man ein ganzes Dorf braucht, um ein Kind großzuziehen. Aber was sollen wir tun, wenn da kein Dorf ist? Was, wenn wir uns ganz allein oder als winziges Team durchschlagen müssen? Wenn die erwartete Hilfe doch nicht kommt? Oder uns alles über den Kopf wächst?

Dann gilt wie immer im Leben: Das Wissen, dass jemand hinter uns steht, fördert unser seelisches und körperliches Wohlergehen. Als junge Eltern bekommen wir normalerweise Hilfe von unserem Partner, unseren Freunden und unseren Verwandten, falls vorhanden. Daneben sind Nachsorge-Hebammen und Kinderkrankenschwestern ebenfalls enorm hilfreich; sie sind die ersten Ansprechpartner für Eltern, die sich überfordert fühlen, Symptome einer Depression spüren oder Fragen haben. Sie vermitteln weitere Hilfe, etwa durch Ärzte, oder informieren über Selbsthilfegruppen (sowohl online wie offline), Nachbarschaftsgruppen, Notfallnummern, Familienberatungen und anderes.

Ja, es widerstrebt uns, um Hilfe zu bitten, doch je früher wir es tun, desto schneller kommt sie. Und wir verdienen sie, wirklich.

4. Hilfe annehmen

Wir nehmen auch nur ungern Hilfe an. Wir möchten anderen Menschen nicht zur Last fallen und gestehen nur ungern ein, dass wir es nicht allein schaffen. Außerdem sind wir uns nie ganz sicher, ob die Hilfsangebote der anderen wirklich ernst gemeint oder nur so dahingesagt sind.

Es braucht eine Weile, bis man sich ans Elterndasein gewöhnt, sich an die ständig wandelnden Bedürfnisse seines Babys angepasst und eine gewisse Routine erlangt hat. Wenn jemand frischgebackenen Eltern seine Hilfe anbietet, dann in der Regel, weil er mit ihnen fühlt und versteht, wie sehr ihr Leben auf den Kopf gestellt wurde. Manchmal helfen ja schon kleine Verschnaufpausen: eine Dusche, ein heißes Getränk oder ein leckeres Essen. Später bleibt uns immer noch genug Zeit, uns mit lauwarmem Tee zufriedenzugeben (auch daran gewöhnt man sich).

Viele Menschen helfen gern aus, und wir erbitten schließlich nichts Weltbewegendes von ihnen. Umgekehrt würden wir ja auch keine Sekunde zögern, ein Neugeborenes zu übernehmen, während die Eltern schnell unter die Dusche springen. Wahrscheinlich würden wir sogar noch einen Auflauf mitbringen, den die Eltern später nur noch aufzuwärmen brauchen. Und ganz selbstverständlich würden wir unterwegs ein paar Lebensmittel für sie einkaufen.

Wir erleichtern uns das Leben ganz entscheidend, indem wir Hilfe akzeptieren. Hilfe nimmt uns einen Teil des Drucks und verschafft uns dringend benötigte Luft zum Atmen.

5. Sich nicht mit anderen vergleichen

Wer den Fehler begeht, sich ständig mit anderen zu vergleichen, zieht in den Krieg – einen Krieg gegen sich selbst. Wir alle kennen diese Situation, und sie geht nie gut aus.

Die heutige Zeit bietet uns reichlich Gelegenheit, Einblicke in das Leben anderer Menschen zu erhalten. Überreichlich. Doch die Szenen, die wir auf Facebook & Co. zu sehen bekommen, bilden nicht unbedingt die Wirklichkeit ab: Sie sind sorgfältig ausgewählt, vielleicht sogar gestellt. Wer weiß das schon? Trotzdem nehmen wir sie für bare Münze und vergleichen uns damit. Kein Wunder, dass wir uns erbärmlich fühlen. Alle Kinder sind verschieden, alle Mütter sind verschieden, alle Väter sind verschieden, alle Lebenssituationen sind verschieden. Nichts ist so einfach, wie es wirkt. Niemand weiß alles. Wir erfahren nie, was hinter den Kulissen abläuft. Wenn wir die Höhepunkte im Leben anderer mit unseren eigenen Tiefpunkten vergleichen, schneiden wir notgedrungen schlecht ab.

6. Schlaf hat Vorrang

Schlafentzug verfolgt uns als frischgebackene Eltern ständig, wir sind immer müde. Wir werfen die Milch in den Mülleimer und legen das gebrauchte Feuchttuch in den Kühlschrank. Wie wir heißen? Keine Ahnung. Wir sind so durch den Wind, dass wir auf jeden Namen antworten. Wir könnten tagelang schlafen, aber Sie wissen ja, das Baby will gefüttert, getröstet und gewickelt werden.

Der Kampf um ausreichend Schlaf ist ganz real, und Schlafmangel hat auch ganz reale Folgen für uns. Die empfohlenen sieben bis neun Stunden können wir vergessen, so viel steht fest. Doch wir können konsequent alle Zeitfenster nützen, die sich für kleine Nickerchen auftun.

Schlafen wir bei jeder Gelegenheit. Schlafen wir, wenn das Baby schläft, auch wenn etwas im Haushalt zu erledigen wäre. Schlafen wir, statt auf Facebook herumzuhängen. Schlafen wir, statt etwas auf Netflix zu gucken. Schlafen wir, solange sich alles andere irgendwie aufschieben lässt. Denn Schlaf ist unser Verbündeter. Bitten wir Freunde, kurz mal zu übernehmen, damit wir schlafen können. Wechseln wir uns mit unserem Partner ab, damit jeder mal zu einer Mütze Schlaf kommt. Nutzen wir alle Einschlafhilfen, die bei uns funktionieren, zum Beispiel

Kissenspray, Entspannungs-Apps, beruhigende Musik, warme Milch, Verdunkelungsvorhänge, Schlafmaske oder Kamillentee.

Sollten wir übermüdet sein, aber trotzdem nicht einschlafen können, kann ersatzweise auch ein heißes Bad, ein gutes Buch oder ein Spaziergang an der frischen Luft erholsam sein.

Selbstfürsorge, wenn wir ausgelaugt sind und nichts mehr geben können

Manchmal liegen wir am Boden: Unsere Motivation hat sich verabschiedet, unser Akku ist erschöpft, wir fühlen gleichzeitig nichts und alles. Wir sind leer. Total ausgelaugt.

Und ärgern uns dabei noch über uns selbst: »Warum kann ich nicht sein wie [hier den Namen eines Freundes einsetzen, der seine Erfolge überall in den sozialen Medien postet]?«

Fühlen uns schuldig: »Eigentlich sollte ich Soundso mit all den Dingen helfen.«

Und schämen uns: »Noch vor einem Jahr konnte ich XYZ mit verbundenen Augen machen, heute schaffe ich es kaum mehr aus dem Bett.«

Wenn wir uns ausgepumpt fühlen und nichts mehr geben können, brauchen wir unbedingt Selbstfürsorge – auch wenn es den Anschein hat, als wäre daran nicht zu denken. Unser Gehirn ist derart beansprucht, dass wir nicht einmal mehr dazu kommen, uns zu überlegen, was uns guttun würde. Der Kopf schwirrt uns, das Herz ist uns schwer, und unsere Gliedmaßen fühlen sich an wie Blei. Was das Ganze noch schlimmer macht, ist das Gefühl, die ganze Welt habe sich mit all ihren Ansprüchen und Erwartungen gegen uns verschworen.

In diesen Momenten geht es ums schiere Überleben, und das erfordert Selbstfürsorge, Ruhe und Erholung. Alles andere kann und muss warten.

Überlebens-Selbstfürsorge bedeutet, die Arbeit auf ein Minimum zu reduzieren, um wieder auf die Beine zu kommen, bewusst regelmäßig zu essen und ausreichend zu trinken. Dazu folgende Tipps:

1. Nickerchen halten

Ehrlich, wir sind keine Faulpelze, sondern fangen nur an, unser gewaltiges Schlafdefizit abzubauen. Ohne Schlaf gehen wir kaputt. Im Schlaf kann sich unser Körper regenerieren. Beruhigende Musik oder Weißes-Rauschen-Apps helfen gegebenenfalls beim Einschlafen.

2. Keine Selbstverurteilungen!

In Zeiten totaler Erschöpfung sehen wir uns selbst in einem falschen Licht, während wir alle anderen durch eine rosa getönte Brille betrachten. Das trennt uns von den anderen, und wir bekommen ein Gefühl von »ich und die da«. Stattdessen sollten wir versuchen, selbst unsere besten Freunde zu werden und uns so nett und geduldig zu behandeln, wie wir auch andere behandeln würden. Unsere innere Stimme kann trösten oder verletzen.

3. Die Kavallerie rufen

Zögern wir nicht, Hilfe zu holen. Einem Freund in ähnlicher Lage würden wir schließlich auch beistehen. Jetzt sind wir dran, um Unterstützung zu bitten. Freunde können helfen, indem sie auf unsere Kinder aufpassen, Mahlzeiten kochen, die wir nur noch aufzuwärmen brauchen, uns zuhören, wenn wir ein freundliches Ohr brauchen, unseren Finanzkram ordnen und ganz allgemein das tun, was uns im Moment weiterhilft.

Neben Freunden und Verwandten können uns auch noch andere Menschen helfen, etwa die Mitglieder von Selbsthilfegruppen, das Personal von Notfallnummern oder Ärzte. Hilfreich ist jeder, der uns das Leben ein wenig erleichtert. Je mehr Unterstützung wir bekommen, desto besser. Man kann es auch mit Selbsthilfebüchern versuchen.

4. Eine Auszeit nehmen

Wie wäre es mit einer Auszeit von der Arbeit, von der Schule oder von unserem Leben? Entdecken wir die Schildkröte in uns, machen wir langsam, halten wir eine Zeitlang Winterschlaf, kuscheln wir uns in eine Decke und gucken wir Netflix. Schaffen wir uns den dringend benötigten Freiraum, um wieder frei zu atmen und uns zu erholen. Wo wir schon dabei sind: Am besten nutzen wir auch die sozialen Netzwerke möglichst wenig – all die Höhepunkte und all der Wirbel tun uns nicht gut, wenn wir uns mies fühlen. Wir befinden uns gerade nicht auf Augenhöhe mit der Welt.

5. Das Telefon zum Schweigen bringen

Smartphones können laut und penetrant sein. Schalten wir doch mal alle Benachrichtigungstöne ab, etwa für E-Mails, soziale Netzwerke, Textnachrichten, Voicemails oder WhatsApps. Dann können wir bewusst aufs Telefon schauen, wenn wir das wollen, anstatt ständig von blinkenden Lichtern und Vibrationen dazu genötigt zu werden. Das hilft uns, wieder ein wenig Kontrolle über eine Welt zurückzugewinnen, der wir uns völlig ausgeliefert fühlen.

6. Arzttermine vereinbaren –
und auch wahrnehmen

Selbstfürsorge bedeutet gelegentlich, genau die Dinge zu erledigen, die wir schon ewig vor uns herschieben. Machen wir also einen Termin beim Arzt, wenn irgendetwas unsere Gesundheit beeinträchtigt. Nehmen wir zur Unterstützung ruhig eine Freundin oder einen Freund mit. Aber gehen wir hin. Jetzt. Je früher wir uns untersuchen lassen, desto früher können wir damit aufhören, uns Sorgen zu machen, oder wenn nötig mit einer Behandlung starten. So oder so, wir gewinnen auf jeden Fall.

7. Öfter mal Nein sagen

Sagen wir wieder öfter Ja zu uns selbst! Ja, es fällt schwer, Nein zu anderen Menschen zu sagen, die es gewohnt sind, Ja von Ihnen zu hören. Doch unsere Gesundheit geht vor. Dieser Verantwortung müssen wir unbedingt nachkommen. Weisen wir alle fremden Ansprüche, die uns belasten, nerven, frustrieren und ärgern, rundweg zurück. Und zwar grundsätzlich, nicht nur für den Augenblick.

8. Spielen

Im Strudel des Erwachsenenlebens vergessen wir, wie man spielt. Wir tun nichts mehr einfach nur aus Vergnügen, aus Spaß an der Freude. Früher, als Kinder, haben wir ständig gespielt, doch irgendwann haben wir ganz damit aufgehört. Lassen wir uns wieder von den Dingen inspirieren, die wir als Kind gern gemacht haben. Schauen wir, ob sie uns auch heute noch Spaß machen. Vielleicht entdecken wir dabei ja ein paar Möglichkeiten wieder, uns zu entspannen und zu erholen.

9. Tagebuch führen

Unsere Gedanken sind nicht immer rational, sondern mitunter grausam, laut oder wild. Ein Tagebuch bietet ein Ventil, um solche Gedanken abzulassen. Oft verlieren sie ihre Macht, wenn wir sie schwarz auf weiß festhalten. Ein Tagebuch hilft oft auch dabei, Muster in unseren Gefühlen aufzuspüren: Was sorgt dafür, dass wir uns toll fühlen? Was veranlasst uns dazu, uns elend zu fühlen? Ein Tagebuch kann uns auch in Echtzeit daran erinnern, welche Fortschritte wir schon gemacht haben.

10. Eine Sonnenschein-Sparbüchse anlegen

Auch wenn uns vielleicht im Augenblick gar nicht danach ist, das Leben von seiner schönen Seite zu betrachten, weil unsere Auffassung, dass wir nutzlos und unverbesserlich sind, zu überwältigend zu sein scheint: Wir dürfen nie vergessen, dass diese Gedanken lügen. Fangen wir deshalb an, Sonnenstrahlen zu sammeln, zum Beispiel nette Dinge, die uns gesagt wurden (ob wir ihnen nun zustimmen oder nicht), Gefälligkeiten, die uns erwiesen wurden, Aufgaben, die wir anderen zuliebe erledigt haben, Hoffnungsschimmer in finsteren Zeiten oder unsere kleinen Erfolge. Schreiben wir sie nieder, halten wir sie fest. Und lesen wir sie, wenn wir eine Dosis Sonnenschein brauchen.

11. Ausmisten

Eine unaufgeräumte, vollgestopfte Wohnung drückt die Stimmung ungemein. Wie stressig, ständig nach Dingen suchen zu müssen, die eben noch da waren! Darüber hinaus schämen wir uns dafür, wie es bei uns zu Hause aussieht. Das belastet uns, aber die Aufgabe, wieder Ordnung zu schaffen, kann uns überfordern. Gehen wir sie deshalb lieber in kleinen Schritten an. Und wenn wir schon dabei sind, können wir auch gleich unser Sozialleben ausmisten und alle toxischen, stressigen oder ungesunden Beziehungen auf den Müll werfen.

12. Sich auf ein Minimum beschränken

Arbeiten wir so wenig, wie nur irgend möglich. Machen wir uns keinen Druck, wenn wir nicht mehr die Kraft aufbringen, uns zu waschen – schnappen wir uns Feuchttücher und Trockenshampoo, das muss für den Augenblick reichen. Das Gleiche gilt für alles, das wir unserer Ansicht nach tun »sollten«: Suchen wir nach dem »Hack«, der energiesparendsten Methode, es zu erledigen. Besser können wir es wieder machen, wenn es uns wieder besser geht.

An unseren Tiefpunkten gehen wir oft hart mit uns ins Gericht. Wir sehnen uns nach der Anerkennung von anderen, weil wir uns im Augenblick selbst nicht leiden können. Genau das hält uns davon ab, aus dem Hamsterrad zu springen, das uns so erledigt hat. Es ist wirklich Zeit, innezuhalten, nachzudenken und wegzulassen. Die Welt wartet schon, wenn wir sie darum bitten. Es gibt nichts Wertvolleres, Kostbareres oder Wichtigeres als unsere Gesundheit – sie lässt sich nicht mit Zeit oder Geld erkaufen. Hören wir auf die Alarmglocken, die darauf hinweisen, dass in unserem Leben irgendetwas schiefläuft. Handeln wir, und nehmen wir uns Zeit, um uns zu erholen. Wir werden umso stärker zurückkommen.

Selbstfürsorge in Zeiten von Ängsten und Sorgen

Phasen, in denen wir uns ängstlich oder voller Sorgen fühlen, sind äußerst unangenehm, anstrengend, erniedrigend und schwächend. Scheinbar aus dem Nichts rollt die Welle heran, reißt uns zu Boden und verdirbt uns unsere besten Pläne.

Wir haben das alle schon erlebt und wissen, wie uns solche Situationen auslaugen: die Nervosität vor einer Prüfung oder einem Vorstellungsgespräch, die Beklemmung in der Brust, die Atemnot, das Nervenflattern beim Betreten eines Raumes voller Leute, die Panik, die uns vor dem Halten einer Rede befällt, das Magengrummeln, wenn uns etwas Sorgen bereitet.

Manchen Menschen ruiniert Angst das Leben; sie hält uns davon ab, andere Menschen zu treffen, Reisen zu unternehmen, zum Zahnarzt zu gehen oder das Haus zu verlassen.

Hier sind einige Maßnahmen, damit es gar nicht erst so weit kommt. Sie helfen aber auch, wenn diese Gefühle uns schon im Griff haben.

1. Musik hören
Musik ist unglaublich mächtig, sie kann erwiesenermaßen unseren Stresspegel und Puls erhöhen oder senken. Unser Musikgeschmack ist einzigartig, nur wir selbst wissen, was uns beruhigt, aufbaut oder unseren Zorn eher noch anstachelt. Mit

einer Playlist von beruhigenden Songs bereiten wir uns auf Zeiten vor, in denen Angst uns zu überwältigen droht. Verwenden wir ruhig Kopfhörer – eine tolle Möglichkeit, sich von der Welt da draußen abzuschotten, und sei es nur für ein paar Augenblicke, bis wir wieder runtergekommen sind.

2. Sich nett behandeln

Wenn wir uns irgendwie »daneben« fühlen, geben wir uns gern selbst die Schuld dafür. Wir hadern mit uns und wünschen uns, wir wären anders. Aber das bringt nichts. Damit verstärken wir höchstens die negativen Gedanken, und das wollen wir bestimmt nicht. Aus welchen Gründen auch immer wir uns Sorgen machen oder Angst haben: Wir haben uns das nicht ausgesucht. Könnten wir uns in diesen Augenblicken doch nur gute Freunde sein! Halten wir einfach inne, und seien wir genauso nett zu uns, wie wir es zu einem Freund wären, der sich in unserer Lage befindet. Dann ginge der Augenblick schneller vorbei. Seien wir nachsichtig mit uns und vergessen nie, dass wir immer unser Bestes geben.

3. Alte Verhaltensmuster durchbrechen

Wenn wir regelmäßig von Ängsten heimgesucht werden und unsere Lebensqualität darunter leidet, könnten wir es mit einer kognitiven Verhaltenstherapie versuchen. Darin lernen wir, unsere Denkmuster zu hinterfragen und anders mit Situationen umzugehen, die uns wütend oder ängstlich machen. Die Kosten für die Therapie übernimmt in der Regel die Krankenkasse.

4. Weniger Koffein trinken

Tee und Kaffee gehören ganz selbstverständlich zu unserem Alltag dazu. Wir genießen unser Tässchen und die dazugehörige Pause – oft in der Gesellschaft anderer. Dabei wissen wir, dass Koffeingenuss nach 14 Uhr unseren Schlaf negativ beeinflussen kann. Aber auch tagsüber macht uns zu viel Koffein zapplig und nervös.

5. Ruhig atmen

Wenn uns der Atem stockt, spüren wir Ängste und Sorgen noch intensiver. Es ist erschreckend, wenn einem plötzlich der Atem wegbleibt, und mitunter sogar schmerzhaft. Während einer Panikattacke fühlen sich viele Menschen so, als erlitten sie einen Herzinfarkt.

Alle von uns, die dieses Gefühl kennen, sollten erwägen, eine App auf dem Smartphone zu installieren, die über diese grässlichen Augenblicke hinweghilft. Inzwischen gibt es schon etliche deutschsprachige Angebote.

6. Sich ablenken

Wenn wir spüren, wie diese Gefühle in uns hochkochen, wirkt das oft als Katalysator für alle möglichen angsterregenden Gedanken, und ehe wir uns versehen, packen uns Angst, Stress und Panik.

Schaffen wir es rechtzeitig, uns abzulenken, können wir diese Gefühle beherrschen, bevor sie uns beherrschen. Auch für diese Situationen gibt es tolle Apps.

Doch wir können uns auch aktiv von belastenden Gedanken ablenken, indem wir etwa stricken, malen, puzzeln, spielen, zeichnen, mit einem speziellen Handkreisel zum Stressabbau

(Fidget Spinner) hantieren oder an beruhigenden ätherischen Ölen riechen. Richten wir die nötigen Utensilien her, damit wir sie jederzeit griffbereit haben.

Selbstfürsorge bei Schlaflosigkeit

Wir brauchen Schlaf, um funktionieren zu können; im Schlaf erholen wir uns, verarbeiten den vergangenen Tag und nehmen uns die dringend benötigte Pause von allem. Schlafdauer und -qualität können von Stress, Krankheit, Veränderungen der Lebensumstände, Medikamenten, der Umgebung und unserer Ernährung beeinträchtigt werden.

Während wir uns schlaflos herumwälzen, wird sogar unser Bett zum Feind; es fühlt sich nicht mehr warm und kuschelig an, sondern ungemütlich. Und dann fängt unser Gehirn wieder mit *diesen* Gedanken an, jenen einsamen Zwei-Uhr-Gedanken. Hellwach liegen wir da, haben das Gefühl, wirklich jeder andere in unserer Zeitzone bekomme jetzt ein bisschen Ruhe, und die Sekunden ziehen sich ewig dahin.

Wir wälzen uns hin und her, vergebens. Das tut weh.

Schauen wir uns einige Möglichkeiten an, diesen Frust zu lindern und unsere Rückkehr ins Reich der Träume zu beschleunigen.

1. Abdunkeln

Licht – und sei es noch so schwach – kann sich sehr negativ auf die Qualität unseres Schlafs auswirken. Die Bildschirme unserer Smartphones emittieren ein blaues Licht, das die Bildung von Melatonin unterdrückt, jenem Hormon, das uns zur rechten Zeit müde werden lässt. Melatonin-Mangel kann zu

Schlafstörungen führen. Abends sollten wir unsere Smartphones also am besten ganz weglegen und alle elektronischen Lichter löschen wie rote Standby-Lämpchen an Fernseher und Stereoanlage oder Leuchtziffern am Wecker. Notfalls hilft auch eine Schlafmaske. Wir sind einfach so programmiert, dass wir in dunklen, kühlen Räumen besser schlafen können.

2. Ruhig atmen

Rasche, flache Atemzüge sind dem Einschlafen nicht zuträglich. Wenn wir nachts wachliegen, können wir uns das Schäfchenzählen also sparen und stattdessen lieber auf unsere Atmung achten. Das Ziel besteht darin, die Atmung zu verlangsamen, indem wir bewusst tiefer atmen.

Sollte das nicht klappen, können wir es mit einer Visualisierung probieren. Stellen wir uns einen Strand vor und richten unsere Atemzüge am Kommen und Gehen der Wellen aus: einatmen, wenn die Welle vom Strand zurückweicht und ihre Reise auf das offene Meer antritt, und ausatmen, wenn die Welle wieder an den Strand heranrollt. Wiederholen, bis die Augenlider schwer werden.

3. Aufstehen

Den Wecker zu beobachten und die Stunden bis zum Morgen zu zählen, macht uns nur wacher. Wir stressen uns, werden panisch und immer aktiver. Wenn wir nach zwanzig Minuten immer noch nicht wieder schläfrig sind, sollten wir vielleicht etwas Beruhigendes tun, bis wir uns wieder müde fühlen. Wir können beispielsweise ein Buch lesen, entspannende Musik hören oder Yoga machen – Hauptsache, die Aktivität macht uns gelassener und letztendlich wieder bettschwer.

4. Dampf ablassen

Diese Zwei-Uhr-Gedanken sind hinterhältige Biester, die in den dunkelsten Nachtstunden ein Eigenleben entwickeln. Gut möglich, dass sich unsere Gedanken unnötig im Kreis drehen und nur einen Ausgang suchen. Vielleicht wirbelt da die Lösung zu einem Problem herum, die nur festgehalten werden will. Egal, ob jetzt Ideen oder Sorgen unser Hirn beschäftigen – oft kann es unglaublich befreiend wirken, sie in einem Notizbuch festzuhalten.

5. Ein Heißgetränk machen

Ebenso wie eine warme Dusche oder ein Schaumbad uns hilft runterzukommen, wirkt auch eine Tasse heiße Schokolade oder Kamillentee entspannend. Schon die Zubereitung des Getränks lenkt uns von unseren Grübeleien ab, und während wir es trinken, fällt die Anspannung von uns ab.

Denken Sie über die Dinge nach,
die Sie als Kind geliebt haben.

_____

_____

_____

_____

_____

_____

_____

_____

_____

Was bereitet Ihnen Sorgen?
Laden Sie es hier auf dieser Seite ab.

Gehen Sie Ihre abendlichen
Gewohnheiten durch.
Wie können Sie sie verändern, um
mehr Schlaf zu bekommen?

Werkzeugkasten für die Selbstfürsorge: Welche Werkzeuge sind bei Ihnen drin?

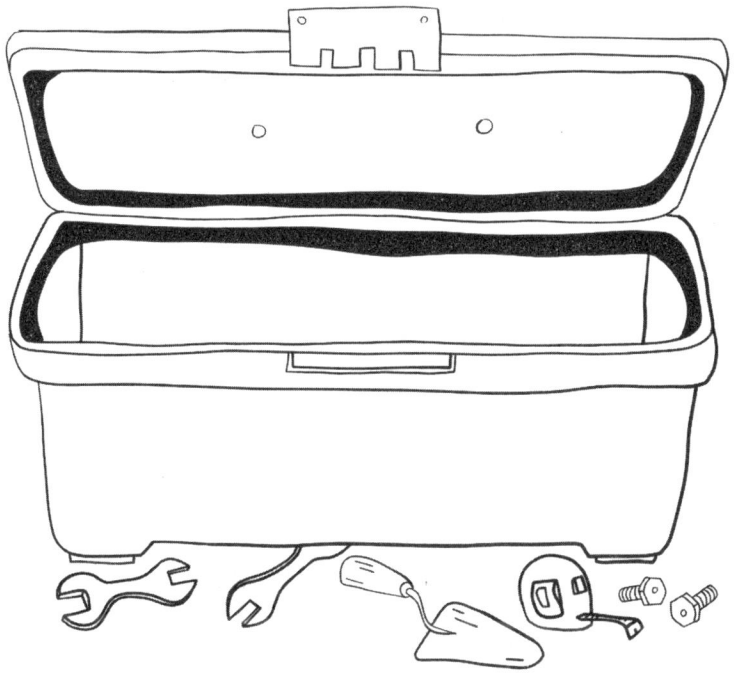

Ihr Selbstfürsorge-Notfallplan

○

○

○

○

○

○

○

○

○

Ein persönlicher Brief an Sie

Hallo, Sie Spitzentänzer(in),

Sie haben gerade einen gewaltigen Schritt hin zu mehr Selbstfürsorge unternommen. Toll gemacht! Lassen Sie sich abklat-
schen, beglückwünschen, auf den Rücken klopfen. Schlagen
Sie ein Rad! Und atmen Sie dann tief durch. Ich bin sehr stolz
auf Sie, weil ich weiß, wie schwierig und mit Unsicherheit be-
haftet die ersten Schritte sein können. Sie haben es geschafft!

Egal, ob Sie von einer guten oder schlimmen Ausgangslage
aus gestartet sind – wahrscheinlich fühlen Sie sich ein wenig
überwältigt von den Veränderungen, die Sie anstreben. Vielleicht sind Sie auch ein wenig überrascht von einigen Erkennt-
nissen, die Sie über sich selbst gewonnen haben. Hoffentlich
bringen Sie jetzt mehr Verständnis für Ihre Bedürfnisse auf und
sind bereit, das Leben zur Seite zu schubsen, um Raum für die
Erfüllung Ihrer Bedürfnisse zu schaffen.

Sollten einmal schlimme Zeiten kommen – und das passiert
bestimmt –, wissen Sie, dass Sie sie überstehen können und
werden. Schürfen Sie tief, um die Diamanten in sich zu entdecken (es gibt da welche, versprochen!), und klammern Sie sich
an diese kostbaren Körnchen Hoffnung. Eines Tages werden
Sie zurückblicken und über den Mut, die Kraft und die Entschlossenheit staunen, die Sie in sich gefunden haben. Vergessen

Sie auch nie: Ihr Mut wird irgendjemandem irgendwann als goldenes Beispiel dienen; ein anderer Mensch wird einen Funken Glauben an sich selbst wiederfinden, dank Ihnen.

Lassen Sie sich von den schlimmen Zeiten nicht verfolgen, sie sind vorerst vorüber. Erlauben Sie ihnen nicht, einen Schatten auf Ihr Leben zu werfen. Schließlich wissen Sie, dass Sie das Rüstzeug dafür haben, sie zu überstehen, sollten sie wiederkommen.

Irgendwann lässt der Regen immer nach, die Wolken verziehen sich, und die Sonne bricht durch. Räumen Sie die Peitsche weg, mit der Sie sich selbst geißeln, und trösten Sie sich mit freundlichen Worten. Gehen Sie Ihre Fehler daraufhin durch, was sich aus ihnen lernen lässt. Sie sind nicht an allem schuld, auch andere Menschen sind fehlbar. Wir alle machen Fehler. Solange Sie sich weiterentwickeln, werden Sie weiterhin Fehler machen. Doch Sie können anfangen, aus ihnen zu lernen, anstatt sie zu sammeln und ewig mit sich herumzuschleppen.

Kümmern Sie sich gut um sich – Sie sind kostbar. Sie zählen, heute und immer. Sie sind unglaublich, genau so, wie Sie heute sind.

Räumen Sie in Ihrem Alltag ein wenig Platz für sich frei, und Sie werden erstaunt sein, wie sehr Sie aufblühen. Das geschieht nicht über Nacht, aber irgendwann werden Sie zurückblicken und erkennen, dass Sie gewachsen und aufgeblüht sind und dass es dafür nur ein wenig Freundlichkeit bedurfte. Freundlichkeit Ihnen selbst gegenüber.

Brennen Sie für sich selbst, nicht für andere! Zeigen Sie den anderen lieber, wie auch sie die Flamme in sich entfachen können. Gehen Sie mit gutem Beispiel voran.

Fördern und nähren Sie weiter das, was den Kern Ihres Wesens ausmacht. Die Welt braucht, was Sie und nur Sie allein zu bieten haben. Sie machen die Welt zu einem bunteren und zauberhafteren Ort. Zweifeln Sie nie daran: Auf Sie kommt es an! Seien Sie nur ganz Sie selbst.

Ihr gleißendes Licht erhellt die Welt wie der Strahl eines Leuchtturms. Vielleicht glauben Sie selbst gar nicht, von diesem Licht zu profitieren, aber glauben Sie mir, wir anderen tun es. Wir sehen, wie hell Sie strahlen. Auch wenn Sie selbst dieses Licht gar nicht wahrnehmen – es ist da, und es erhellt das Leben anderer Menschen, es spendet ihnen Wärme und vermittelt Sicherheit.

Heben Sie Ihr Haupt! Sie sind wunderbar, und Sie sind absolut und unzweifelhaft genug. Genau so, wie Sie in diesem Augenblick sind.

Sie verdienen es zu funkeln und zu leuchten. Sie verdienen es, vor Glück überzufließen. Sie verdienen es, sich übermütig zu fühlen und vor Ideen nur so zu sprudeln. Sie verdienen es, die Verwirklichung Ihrer Träume zu erleben. Sie verdienen alles, was die Welt zu geben hat – und mehr. Sie verdienen das alles.

Sollten Sie je Ihr Vertrauen in sich verlieren, kann ich Ihnen etwas von meinem abgeben. Denn mein Glaube an Sie ist unerschütterlich. Ich glaube zu 100 Quadrillionen Prozent an Sie. Ich glaube, Sie haben genau das, was es braucht, um wirklich alles durchzustehen.

Ich umarme Sie ganz doll!

Jayne

Dank

Es gab Zeiten, da fühlte ich mich so einsam und unverstanden, dass ich am liebsten im Erdboden versunken wäre. Zeiten, in denen mich die Depression so auslaugte, dass ich nicht mehr wusste, wie man lächelt. Die Depression schaffte es, mir einzureden, die Welt wäre ohne mich besser dran. Es würde mich sowieso niemand vermissen. Damals wagte ich nicht einmal davon zu träumen, dass ich mich je wieder als Teil von irgendetwas fühlen würde, dass ich Freunde haben und mich geliebt fühlen würde. Deswegen ergreife ich diese Chance, um laut und stolz aus vollem Herzen die wichtigen Menschen in meinem Leben zu besingen.

Domski, Worte können nicht annähernd beschreiben, wie dankbar ich dir bin. Worte können nicht annähernd ausdrücken, wie sehr ich dich liebe und wie gewaltig es sich anfühlt, die Empfängerin deiner unerschütterlichen Liebe zu sein. Das Leben behandelte dich nicht immer fair – es hat dich gebeutelt und verletzt –, doch deine Liebe kennt keine Grenzen. Du hast einen Blick – und ich bin mir ziemlich sicher, dass er nur für mich allein bestimmt ist –, der sagt: »Ich glaube an dich, ich liebe dich, ich stehe hinter dir.« Und das tust du. Dieser Blick verleiht mir Kraft. Du glaubst an mich, wenn ich selbst gerade nicht an mich glaube. Du liebst mich, wenn ich am wenigsten liebenswert bin. Und du hilfst mir in vielerlei Hinsicht: indem du mich umarmst, meine Tränen trocknest, mich anfeuerst oder mir Nachrichten auf meinem Laptop hinterlässt. Gemeinsam sind wir durch finsterste Zeiten gegangen, was mir das Gefühl gibt, mein und dein Leben seien dazu bestimmt gewesen, sich ineinander zu verschlingen. Hand in Hand erkunden wir die neuen Wege, die wir im Leben einschlagen. Ich empfinde es als monumentales Privileg, an deiner Seite durchs Leben gehen zu dürfen. Nirgendwo wäre ich lieber. Danke, dass du mich genommen hast. Danke, dass du mich hereingelassen hast. Danke, dass du mir dein Herz anvertraust – ich verspreche dir, es ist in sicheren Händen.

Peggy, danke, dass du meinem Leben Halt gibst. Es ist eine tolle Erfahrung, deine Mutter sein zu dürfen. Du lehrst mich so viel mehr, als ich dir jemals beibringen kann: Der Zauber liegt in den einfachen Dingen; eine innige Umarmung kann alles bewirken; die Depression log, als sie sagte, ich wäre eine schreckliche Mama; Stolz kann mich durch schwierige Zeiten tragen; es ist okay, zu stolpern und hinzufallen; die Namen aller Dinosaurier; wie man spielt. Du verleihst meinen Tagen so viel Glanz – ich kann gar nicht sagen, wie viel du mir bedeutest, deswegen versuche ich es gar nicht erst. Ich hoffe, du spürst es in deinem Herzen.

Als Nächste kommst du, Mother Hubbs. Was für ein unfassbarer Segen, dich zur Mutter zu haben. Müsste ich mir eine Mama aussuchen, würde ich genau dich nehmen. Du erstaunst mich, und ich hoffe, Peggy nur ansatzweise eine so gute Mutter sein zu können, wie du es mir warst. Bei dir wirkte Mutterschaft cool und einfach, auch wenn ich mittlerweile weiß, wie schwierig es oft ist, Mama zu sein. Irgendwie, ich weiß nicht, wie, hast du mir gleichzeitig Geborgenheit gegeben und die Freiräume gelassen, herauszufinden, wer ich bin. Ich habe einige Riiiiiesenböcke geschossen, aber das schien dich nie weiter zu kratzen. Deine Gnade, deine Geduld und deine Liebe haben mich wie auf einer sanften Welle durch katastrophale Stürme getragen. Danke für alles, was du bist, was du getan hast und was du weiterhin bist. Du bist meine größte Inspiration, und ich bin dir überaus dankbar dafür, dass du mich wieder zum Schreiben gebracht hast. Ich weiß nicht, wessen Traum sich mit diesem Buch mehr erfüllt, deiner oder meiner. Vielleicht sind meine Träume deine, ebenso, wie Peggys Träume einmal meine sein werden. Wenn ich groß bin, will ich genauso werden wie du.

Die Mutterschaft hat uns enger zusammengebracht, Clairie Wairie Airy Fairy, was mich sehr glücklich macht. Ich habe dich in der merkwürdigen Phase vermisst, die wohl alle Geschwister durchmachen, jene frühen Jahre des Erwachsenenlebens, wenn wir die Flügel ausbreiten und unseren eigenen Weg finden müssen. Rückblickend verstehe ich, wie wichtig diese Phase für uns beide war. Zum Glück sind wir uns als Erwachsene wieder nähergekommen! Du brauchst keine große Schwester mehr, die auf dich aufpasst, und meine neue Rolle als deine Freundin ist mir noch lieber. Es hat Riesenspaß gemacht, mit dir aufzuwachsen. Du hast mich Perspektive gelehrt – zwei Menschen können das Gleiche erleben und es doch ganz unterschiedlich wahrnehmen. Ich bin sehr froh, dass wir noch immer einen Sinn für Humor teilen, den außer uns niemand versteht. Ein Blick von dir reicht, und ich muss loskichern, meist in den unpassendsten Augenblicken. Dein Herz ist so groß, dass ich gar nicht verstehe, wie es in deinen Brustkorb passt. Und deine Loyalität kennt keine Grenzen. Ich bin für dich da, wie du für mich da bist. Immer.

Dadski, unser Weg war steinig, was? Liebe kann bedingungslos sein und trotzdem verwirrend. Liebe kann kompliziert sein, und manchmal spürt man sie nicht. Liebe kann wehtun, und sie kann heilen. Ich möchte dir sagen, dass du liebenswerter bist, als du es glaubst. Ich hoffe, irgendwann trägst du die Mauern deiner Festung ab und lässt mehr Liebe herein. Du verdienst, die Liebe zu spüren, die es für dich gibt. Du hast dein Bestes gegeben, das weiß ich heute. Du hattest Wunden, die nicht heilen wollten, das weiß ich heute auch. Wir alle lieben dich, viel mehr, als dir bewusst ist.

Ich fand es zauberhaft, in einer großen Familie aufzuwachsen. Es fehlte mir nie an Spielkameraden und Vorbildern. Es heißt, Freunde seien die Familie, die wir uns selbst aussuchen, aber glücklicherweise hatte ich eine Familie voller Menschen, die ich sofort als Freunde gewählt hätte. Ihr seid außerordentlich! Mein besonderer Dank gilt Ammy, Keithie, Wendypops und Adgie. Ihr wisst warum.

Von Herzen möchte ich auch Stacie, Lotte, Maddy, Carlyn, Naomi, Steph, Jessy, Troy, Emma, Holly und Jo danken. Ich empfinde es als Ehre, mit euch zu arbeiten und euch als Freunde zu haben. Noch immer kann ich es nicht fassen, wie amüsant und sinnvoll Arbeit jeden Tag sein kann. Ihr seid großherzig, lieb, freigiebig, leidenschaftlich und inspirierend. Ich schätze euch alle. Ohne euch gäbe es dieses Buch nicht – ihr wart wunderbare Brainstormer, Resonanzböden, Stellung-Halter und Antreiber. Vielen, vielen Dank!

Abbie, du bist ein riesiger Sonnenstrahl. Du kamst in mein Leben und hast alle Grenzen dessen, was ich für möglich hielt, eingerissen. Danke dafür, dass du etwas in mir erkannt hast, das ich damals selbst nicht sah. Danke, dass du mich aufgebaut, angeleitet und unterrichtet hast. Danke für dein Mitgefühl, deine Geduld und deine Aufmunterungen. Du hast mich öfter aufgerichtet, als dir vielleicht bewusst ist. Danke für alles.

Ein Riesendank geht auch an Olivia und alle bei Orion Spring. Vielen Dank für die Möglichkeit, meine Überlegungen zum

Thema Selbstfürsorge in Worte zu fassen, für die Betreuung unterwegs und für eure erstaunliche Hingabe an dieses Buch. Ihr seid ein Geschenk, von dem ich nicht zu träumen gewagt hätte. Ich habe so viel von euch gelernt. Dank euch war es lustig, lohnend und spannend, dieses Buch zu schreiben. Danke, dass ihr an mich geglaubt habt!

Bei Blurt betreiben wir den Slack-Kanal #nicestuff. Dort posten wir all die freundlichen und aufmunternden Worte, die wir von der Blurt-Gemeinschaft bekommen. #nicestuff erreicht uns auf den verschiedensten Wegen: über soziale Medien, per Brief, Postkarte und E-Mail. Jeden Tag kommt etwas Neues, und ich kann gar nicht ausdrücken, wie sehr uns das anspornt. Es hat mir und dem ganzen Blurt-Team durch unsichere Zeiten geholfen, durch finstere Stunden und durch Phasen, in denen ich das Gefühl hatte, nicht genug zu tun. Ich möchte allen danken, die zu diesem Kanal beigesteuert haben – ihr habt keine Ahnung, wie sehr ihr mich aufgerichtet habt, wie sehr eure Stimmen gegen die gemeinen Gedanken in meinem Kopf geholfen haben und was für einen entscheidenden Beitrag ihr geleistet habt. Ich werde weiterhin alles geben, damit ihr angehört und verstanden werdet.

Franziska Muri

Die Freude am Für-sich-Sein entdecken

Alleinsein kann eine echte Kraftquelle sein: Wer einmal gelernt hat, gut mit sich allein zu sein, der wird sich nicht mehr einsam fühlen. Er wird zu tieferen Formen der Verbundenheit finden – mit sich, mit anderen Menschen, mit der Natur, mit dem Spirituellen. Genau dazu macht dieses Buch Mut. Mit vielen praktischen Anregungen und wertvollen Impulsen teilt Franziska Muri 21 verborgene Schätze des Für-sich-Seins, um das Leben ganz neu zu entdecken und zu genießen.

978-3-7787-9273-5

Leseprobe unter
www.ansata-integral-lotos.de

INTEGRAL